Hans Georg van Herste
Und täglich lügt die Monika

Hans Georg van Herste

Und täglich lügt die Monika

Vorwort

Ich habe mehrere Tage lang mit mir und dem Titel gerungen. Der Titel hat gewonnen, da er mich von sich, von seiner Aussage überzeugt hat. Ich kann mich nicht mehr daran erinnern, wie oft und seit wann ich von fremden oder mir nahe stehenden Personen angelogen wurde, wie oft ich mich habe anlügen lassen, wie oft ich mich selbst belogen habe, weil es so schön bequem war, einer, doch sehr durchsichtigen, Lüge aufzusitzen, nachzulaufen.

Ich bin auf dem Dorf, wie es genannt wurde, großgeworden und musste sehr schnell erfahren, wie das Leben dort tickte. Es lief nicht anders ab, als in anderen Dörfern, großen oder kleinen Städten, eigentlich überall.

Das Bekannte, ob es sich wirklich bewährt hatte oder nicht, spielte keine Rolle, wiegte in Sicherheit, bot Orientierung. Jeder kannte seinen Platz. Der Großbauer stand oben, der Flüchtling aus dem Osten weit unten, nur noch unterboten vom Dorftrottel, der, ständig alkoholisiert, durch die Straßen taumelte.

Ich wurde irgendwo weiter oben, aber nicht ganz oben, angesiedelt, konnte aber schon früh mit den vorhandenen Ständen nichts anfangen. Ich musste häusliche Gewalt in vielen Fassetten über mich ergehen lassen. Schon als Jugendlicher stellte ich fest, dass es sich bei dem, was mir passierte, eher um die Regel, als um eine Ausnahme handelte.

Obwohl es viele taten und fast alle davon wussten, wurde niemals darüber gesprochen. Dass der Großbauer seine Tochter im Stall „beglückte“ oder der Dorfschmied

seine Enkelin, ja, das waren offene Geheimnisse und niemand traute sich, den Mund aufzumachen. Dass der Gymnastiklehrer mit ihm anvertrauten Mädchen nicht nur gemeinsam duschte, sie in knappsten, beinlosen Gymnastikanzügen auftreten ließ, war bekannt.
Wies ich die verzückten, vor Stolz platzenden Mütter, auf die extra einstudierten, sexistischen Darbietungen beim Tag der Turner hin, wurde ich ein Spielverderber gescholten. Machte ich auf den weit verbreiteten sexuellen Missbrauch von Kindern aufmerksam, hieß man mich einen Querulanten, der sich wichtigmachen will.
Obendrein begriff ich sehr schnell, dass die meisten Opfer zu ihren Tätern halten, dass auf diese Art und Weise beglückte Mädchen, es als Auszeichnung betrachteten, genommen zu werden, weil ein Papi, der seine Tochter liebt, natürlich auch das Lager mit ihr teilt. Es tut ja nur am Anfang weh. Später ist es sogar hin und wieder schön.
Vielleicht war ich selbst etwas aus der Art geschlagen, da ich während der Übergriffe auf mich nur Schmerz und Ohnmacht empfunden hatte. Ich konnte einfach nichts Schönes daran finden, körperlich und psychisch erniedrigt zu werden.
Auch der rigiden Abwertung Homosexueller konnte ich nichts abgewinnen. Ich kannte niemanden, der so lebte. Deshalb war ich nicht in der Lage, Sprüche, wie z. B. „bei Adolf wären die einen Kopf kürzer gemacht worden" oder „das sind alles perverse Schweine", nachzuvollziehen. Dass diese Menschen mitten unter uns lebten, sich ihr Leben lang verstellen mussten, dadurch unglaublich leiden mussten, war mir nicht bekannt. Erst

viele Jahre später sollte ich dahinterkommen, wie viele es davon gibt und wie groß das Leid dieser Menschen wirklich ist.
Aufgrund dieses ganz normalen Wahnsinns, gab es viele Menschen in unserem Dorf, die neidisch waren, die verleumdeten, mobbten und andere in übelster Form mit Häme überschütteten. Allerdings stellte ich ebenfalls fest, dass die Opfer dieser Kampagnen oft sehr litten, andererseits aber auch die Hasser, die Verleumder an ihren schändlichen Aktivitäten zugrunde gingen. Hass zerfrisst den Hasser mehr, als den Gehassten.
Diese Weisheit wurde im Laufe meines Lebens zu einer unumstößlichen Wahrheit. Über Jahrzehnte hinweg konnte ich Hasser und ihr Treiben beobachten und musste mit ansehen, wie aus ehemals blühenden Menschen, wie z. B. den in diesem Buch erwähnten Monika, Mareike, Dörte, Holger, Gustav und Michael körperliche und psychische Wracks wurden, wahrlich vom Hass selbstverzehrt.
Obwohl mir diese Leute unglaublich zusetzten, mir viele schlaflose Nächte bereiteten, sogar meine Frau, mein Kind, meine Vereinsmitstreiterinnen und –Mitstreiter mit einbezogen, verlor ich nie endgültig den Glauben an ein Morgen, an mich, an Gerechtigkeit. Dabei halfen mir nicht zuletzt meine Aufenthalte in Indien. Ich habe noch heute die Weisheiten meiner Ausbilderinnen Lakshmi und Shakti im Ohr, die mich immer wieder darauf hinwiesen, dass es überlebenswichtig sei, den eigenen Idealen und sich selbst treuzubleiben.
Warum ich diesen Roman nach Tatsachen schreibe? Ja, das habe ich mich auch mehrfach gefragt. Ich denke,

dass es zwei Gründe dafür gibt: erstens möchte ich selbst damit fertig werden und zweitens möchte ich andere darüber informieren, wie meine Geschichte – oder besser: ein Teil meiner Geschichte – abgelaufen ist.
Natürlich hätte ich diese Geschichte nicht separat abhandeln müssen. Ich hätte sie einfach in meine Biographie-Buchreihe „Am Fluss meines Lebens" einbauen können. Aber das hätte das Bild verfälscht und den Eindruck erweckt, ich würde mir mein Glück zerstören lassen.
Diese Geschichte ist nur ein Teil meines Lebens; ein kurzes Stück Zeit im Vergleich zu den Jahrzehnten, die ich schon hinter mir habe. Erwähnenswert, aber nicht das Leben an sich.
Ich habe viel erlebt, bin vielen Lügen und Verdrehungen, Feigheit und Kriminellem begegnet. Oft habe ich über den Erfindungsreichtum von Neidern, Lügnern, Verdrehern und Feiglingen gestaunt, wenn es darum ging, mich und viele andere Menschen zu erniedrigen, zu verleumden, in den Dreck zu ziehen. Wenn diese Leute diese Energie in ihre Arbeit, ihren Beruf investiert hätten, hätten sie mühelos jede Chefetage erobern können.
Natürlich habe ich nach den Ursachen gesucht. Welche Gründe kann es geben, die Menschen zu solchen Kaputtmachern werden lässt? Warum mobbt der Chef seine Sekretärin? Warum zerstört jemand durch üble Nachrede den Ruf eines anderen? Was haben diese Leute davon? In den meisten Fällen geht es noch nicht einmal um Selbstbereicherung. Es geht um die Lust am Zerstören, um die Häme, um das Gefühl, einen anderen zu beherr-

schen, je nach Lust und Laune zu kontrollieren oder zu erniedrigen.
Wie kommt es zu solchen Gelüsten? Ich denke, dass Menschen, die anderen Menschen dermaßen zusetzen, selbst Opfer von Gewalt waren oder sind. Opfer werden zu Tätern. Opfer sind zu feige, sich gegen die Verursacher ihrer selbst erlebten Gewalt zur Wehr zu setzen und suchen sich somit andere – vermeintlich schwächere – Menschen, denen sie das heimzahlen können, was sie sich bei ihren Tätern nicht trauen. Sie benötigen ein Ventil für ihre Rachsucht.
Häusliche Gewalt, sexueller Kindesmissbrauch und/oder nicht ausgelebte Trans- und/oder Homosexualität können Menschen in eine Katastrophe stürzen, die überhaupt nichts damit zu tun haben.
Ein Mädchen wird plötzlich von einer Mitschülerin beschimpft, ein Passant niedergeschlagen, Kinder im Heim gequält oder eine Frau vergewaltigt. Abhängige werden gern zu Opfern gemacht. Wie sonst kann es passieren, dass „barmherzige Brüder und Schwestern", also Nonnen, Priester, Diakone oder Erzieher immer wieder Kinder sexuell missbrauchen? Ich bin sogar davon überzeugt, dass es viele ehemalige Opfer gibt, die einen Beruf ergreifen, durch den sie Zugriff auf Opfer erhalten.
Hat der psychisch kranke Mensch, der Hasser Angst vor dem Opfer, wird durch üble Nachrede, natürlich anonym, versucht, den Ruf des Opfers zu zerstören und sich so Befriedigung zu verschaffen. Jedem ist bekannt, dass es äußerst schwer ist, den Urheber eines Gerüchtes zu ermitteln. Das schafft Freiraum und der feige Psychopath kann sich seelenruhig zurücklehnen und die Wir-

kung abwarten. Das Opfer wird angegangen oder ignoriert. Das Opfer leidet und versucht, sich zu rechtfertigen, sich vom Dreck reinzuwaschen, der auf es geworfen wird. Der Urheber kann sich die Hände reiben, feixen, sich darüber erfreuen, wie Stück für Stück eine Karriere, ein Leben zugrunde gerichtet wird.
Manche Verleumderin, mancher Verleumder erlebt Genugtuung, Allmachtsgefühle oder gar sexuelle Lust dabei.

Während ich die, in diesem Buch beschriebenen, Ereignissen, recherchierte, um herauszufinden, wer, wie und warum manche Personen mobben, kam heraus, dass jeder dritte Therapeut, Arzt oder Psychologe Opfer von Mobbing, Stalking oder übler Nachrede wird, dass es sich bei den Tätern meistens um Frauen handelt, die als Kind sexuell missbraucht worden waren, unter dem Prinzessinnen-Syndrom leiden und einen Ersatz für ihren ehemaligen Täter suchen.
Jedes helfende Eingreifen, jede freundliche Geste wird sofort als Liebesbeweis fehlinterpretiert und als Aufforderung verstanden, eine Beziehung aufzubauen. Natürlich habe ich, wie viele andere Therapeuten auch, mehrfach darauf hingewiesen, dass es sich um rein therapeutische Tätigkeiten handelt und um nichts anderes, war es oft schwer, den Patienten meine Handlungsweise klarzumachen. Selbst die Information, ich sei nicht ihr Täter und hätte auch nicht vor, einer zu werden, half meistens nicht viel.
War ich am Anfang meines beruflichen Schaffens noch sehr naiv und hatte versucht, die Situation immer wie-

der zu erklären, so vermeide ich Rechtfertigungen heute so gut es geht und beende das Patienten-Therapeuten-Verhältnis frühzeitig, um gar nicht erst Opfer einer weiteren Hass-Orgie zu werden. Auch ich musste im Laufe der Jahrzehnte erst reifen, um zu verstehen, dass ich solchen Menschen nicht mit Logik begegnen kann, sondern nur schnellstens mit Abstand.

Aufgrund meiner eigenen Missbrauchserfahrungen war ich schon als Jugendlicher oft über die Funktionsweise einer Dorfgemeinschaft erstaunt. Wenn ich von meinem selbst erlebten Missbrauch erzählte, wurde mir der Mund verboten.
„Das kann ich gar nicht glauben. Du hast doch ein so schönes Zuhause."
Auch wenn ich auf andere – ganz offensichtliche – Missbrauchsfälle hinwies, erntete ich eher Ablehnung als Unterstützung.
Ich fragte mich natürlich, warum reagiert niemand auf meine – und nicht nur meine – Hinweise? Wie kann es sein, dass Mütter ihre Töchter in eine Gymnastikgruppe schicken, in der der Gymnastiklehrer alles andere als nur Gymnastiklehrer ist? Wie kann es sein, dass gestandene Männer mit einem Kinderschänder oder Vergewaltiger an einem Tisch sitzen und die neusten Fußballergebnisse diskutieren? Wie kann es sein, dass direkte Nachbarn das Schreien einer geprügelten Ehefrau überhören? Wie kann es sein, dass Erwachsene nicht eingreifen, wenn so etwas passiert – und das direkt vor ihrer Nase?
Ganz einfach: sie sind feige. Sie möchten keinen Ärger haben. Man will die gute Nachbarschaft nicht gefährden.

Vielleicht kann man sich ja mal einen Spaten leihen oder den Rasenmäher, wenn der eigene defekt ist.
So war ich natürlich nicht unbedingt und überall wohl gelitten. Man sagte mir mehrfach, ich würde die Dorfidylle stören. Natürlich störte ich die Dorfidylle, die Dorfidylle der Täter. Das führte schon während meiner Jugendjahre dazu, dass ich mit übler Nachrede überschüttet wurde. Ich war eben jemand, dem man mit Vorsicht begegnen musste, der seine Klappe nicht halten konnte.
Obendrein schloss ich mich der Häme über Homo- und Transsexuelle nicht an. Wie kann ich hämisch über Menschen reden, die eine angeborene Neigung ausleben? Das wäre genauso absurd, als wenn ich eine Mitschülerin ihrer roten Haare wegen verhöhnen würde.
So war ich also verdächtig, vielleicht sogar ein Schwulen- und Lesbenfreund. Vielleicht war ich ja selbst schwul. Vielleicht diente meine Freundin nur der Tarnung. Die wildesten Spekulationen kreisten im Dorf und ich war manchmal selbst erstaunt darüber, was ich alles mit wem erlebt haben sollte. Hier war ich Händchen haltend mit meinem Onkel und dort nachts auf dem Friedhof gesehen worden. Dass ich meinem Onkel auf dem Acker geholfen und nachts nur eine Abkürzung von einer Feier genommen hatte, spielte keine Rolle. Alles war verdächtig.
Ich verbrachte ein Sommersemester an der Ostsee. Macht der da wirklich seine Ausbildung oder verkauft er Dänen deutsche Autos? Meiner Freundin wurde mehr als einmal im Vertrauen mitgeteilt, dass man von der Freundin einer Cousine der Übernachbarin erfahren ha-

be, ich hätte eine Andere „da oben". Laue Nächte am Ostseestrand würden ihre Wirkung zeigen. Gott sei Dank glaubte sie diesen Schwachsinn nicht und wir haben mehrmals laut darüber gelacht.
Da ich meine Einstellung im Laufe meines Lebens nicht änderte, kam es auch später hin und wieder zu denkwürdigen Ereignissen. Ein Mitbewerber, der neidisch auf meinen Erfolg war, erklärte mich zum Sektenführer. Er hatte die Autos auf dem Parkplatz vor meiner Praxis gezählt und war zu dem Schluss gekommen, dass nur eine, von mir gegründete Sekte, solch eine Menge hervorrufen könne.
Damit war auch an meinem neuen Wohnort der Startschuss für die Hexenjagd gegeben worden. Obwohl ich wissentlich nie mit Sekten-Mitgliedern zu tun hatte, geschweige denn eine eigene Sekte gegründet habe, verfolgt mich diese Zuordnung bis heute. Die Neider wollen es gern glauben. Die Menschen, die mich näher kennen und ihr Gehirn einschalten, wissen natürlich, dass es sich um weiter nichts, als üble Nachrede handelt.
Ein Pastor, selbst schwul und obendrein vom Alkohol abhängig, blies sofort mit ins Horn. Um von sich selbst abzulenken, warnte er seine Schäfchen vor mir – sogar in einer Sonntagspredigt. Als ich davon erfuhr, fragte ich ihn nach dem Grund. Er war total erschrocken, da er nicht mit meinem Anruf gerechnet hatte, und stotterte wirres Zeug, um sich zu rechtfertigen. Ich erklärte ihm, dass ich es schon recht merkwürdig finden würde, dass ein Pastor jemanden verunglimpft, den er nie persönlich kennen gelernt hat. Er antwortete, dass er ein Kennen lernen für überflüssig gehalten hätte, da mein Ruf ja

bekannt sei. Im Endeffekt kam heraus, dass er Angst davor hatte, dass ich, als „Experte für Homosexualität(?)", ihn durchschauen und mein Wissen an die Öffentlichkeit bringen könnte.
Als meine Frau und ich uns scheiden ließen, war ich natürlich ganz allein schuld. Bei den vielen Affären, die mir nachgesagt wurden, lag doch alles glasklar auf der Hand. Meine neue Frau hätte ich aus einem Katalog und meine Ex müsste ohne Geld unter einer Brücke wohnen. Leider war es nicht immer spaßig. Als mir ein Banker einen Kredit aufgrund meines schlechten Rufes verweigerte, war es mit der Lustigkeit vorbei. Es stellte sich heraus, dass ihm mein – in seinen Augen – viel zu großes „Sekten-Auto" Kopfschmerzen bereitete. Erst als ich meinen Wagen gegen einen etwas kleineren tauschte, gab es Kredit. Später fand ich einen Banker in einer entfernten Stadt, der selbst Opfer übler Nachrede geworden war. Mit dem klappt die Zusammenarbeit reibungslos.
Ein Dorf braucht einen Sündenbock. Dessen Leben wird haarklein analysiert, kommentiert und interpretiert. Jeder Schritt wird genau beobachtet, jede Äußerung, jede Geste bewertet – oder besser verwertet. Passt das Gesagte ins Bild? Wenn nicht, wird es so lange verdreht, bis es passt.
Der Sündenbock wird nie selbst angesprochen, nicht informiert. Ich habe oft erst Monate später von einer neuen Geschichte über mich gehört. Anfangs habe ich versucht, alles richtig zu stellen. Später habe ich es einfach gelassen. Die Menschen, die eine Lüge glauben wollten, konnte ich auch im direkten Gespräch nicht überzeugen. Auch der Spruch: „Eine Lüge wird niemals zur Wahr-

heit, auch wenn sie tausend Mal wiederholt wird", zeigte keine Wirkung.

Die nun folgende Geschichte habe ich nach eigenen Erlebnissen und nach Aussagen von Zeugen und ehemaligen Mitstreitern der Protagonisten aufgeschrieben, die sich an mich gewandt haben, um mir ihre Unterstützung zuzusagen und im Notfall aus ihrer selbst gewählten Deckung zu kommen, um alles zu bestätigen.
Sie haben mich einerseits für meinen Mut bewundert und andererseits einen Narren gescholten, weil ich auch heute noch für Homo- und Transsexuelle und für Opfer sexuellen Kindesmissbrauchs eintrete. Meine „Insel-Methode" funktioniert immer noch und jagt vielen Tätern einen heiligen Schrecken ein. Und das ist gut so.
Die Namen wurden verändert. Auch die Handlung wurde verfälscht, die Ortsbezeichnungen erfunden oder einfach weggelassen. Obwohl es sich in diesem Buch um meine Geschichte handelt, passiert Ähnliches zu jeder Zeit und überall.

Ein langjähriger Freund sagte mir einmal: „Lass sie dich demontieren und deinen Namen in den Dreck ziehen. Der Stein, den du losgetreten hast, wird sich nicht mehr aufhalten lassen."
Und eine weise indische Freundin meinte: „Steh zu deinen Idealen! Denk dran! Alles was dir jetzt passiert, ist nur ein Hauch im Wind der Geschichte und wird dich eher stärken als schwächen. Sollte auch dein Name eines Tages in Vergessenheit geraten sein, so werden deine Taten weiterhin Früchte tragen. Du bist nicht auf dieser

Welt, um geliebt zu werden, um anderer Leute Erwartungshaltungen zu erfüllen, sondern um deinen Job zu tun."

Es geht mir nicht um Rache. Es geht mir darum, darzustellen, wie Menschen es schaffen, anderen Menschen Schaden zuzufügen und obendrein ihre Hände in Unschuld zu waschen. Hochrangige Kirchenvertreter mit heiligem Lächeln im Gesicht lesen aus der „Heiligen Schrift" vor, ohne sich selbst an die zehn Gebote zu halten.
Heißt es da nicht: Du sollst nicht falsch Zeugnis ablegen wider deinen Nächsten?

Es gibt hunderte Millionen von Psychopathen auf der Erde. Hirn-Scans haben ergeben, dass diese Neigungen bei einigen Personen angeboren sind. Obendrein wurde festgestellt, dass die größte Chance, ein gefährlicher Psychopath zu werden, allerdings davon abhängt, in welchem Umfeld dieser aufwächst. Es kommt also stets darauf an, in welchem Elternhaus ein Kind groß wird, in welche Schule es geht oder in welchem Verein es Mitglied wird.
Psychopathen haben viele Gesichter. Während der eine seine Familie drangsaliert, seine Frau und seine Kinder verprügelt und zu Haus ein Schreckensregiment führt, vergewaltigt der nächste kleine Kinder. Der eine wird Wirtschaftsboss und knechtet seine Untergebenen, der andere ein Banker, der fremde Gelder verspekuliert oder Kunden gnadenlos über die Klinge springen lässt, die auf seine Hilfe angewiesen sind.

Wieder andere schließen sich Mörderbanden an oder machen in der Kirche Karriere. Skrupellos, machtbesessen und mit einem krankhaften Maß an Kontrollzwang ausgestattet können diese Leute nicht nur Millionen von Menschen ins Unglück stürzen, sondern ganze Staaten ruinieren. Diktatoren lassen problemlos ganze Armeen ins Unglück, in den Tod rennen, nur um weiterherrschen, nur um weiterhin ein Leben im Luxus führen zu können.
Ärzte amputieren wissentlich gesunde Brüste, bauen unpassende Prothesen ein oder stopfen ihre Patienten mit überflüssigen Medikamenten voll. Versicherungen lassen Menschen, denen eine Rente, ein Ausgleich für unverschuldete Not zusteht, im Regen stehen. Gutachter fertigen Gefälligkeitsgutachten an, ohne mit der Wimper zu zucken. Kunden kaufen bedenkenlos billige Waren, obwohl bekannt ist, dass diese von Kindersklaven hergestellt wurde.
Psychopathen sind mitten unter uns. Einige werden Sie in diesem Buch kennen lernen…

Du kannst den Sänger in Ketten legen, aber niemals sein Lied!

Friedhelm Lehmann

Mitte der fünfziger Jahre wird ein Junge geboren. Während die Mutter nach außen hin sehr frömmelt und jede Situation mit einem Bibelspruch erklären kann, ist der Vater eher an weltlichen Dingen interessiert. Dazu gehören unter anderem auch die Geschlechtsorgane seines Sohnes.
Für den kleinen Jeremias hat diese Vaterliebe zwei Seiten. Es tut zwar oft weh, was der Vater ihm angedeihen lässt, ist auf der anderen Seite aber auch angenehm. Außerdem bekommt Jeremias schnell mit, dass er seinen Vater manipulieren kann. Manche Freiheit und manche Taschengelderhöhung verdankt er ausschließlich seinem sehr dehnbaren Hintereingang.
Der Mutter ist natürlich bekannt, was unter ihrem Dach vor sich geht, verschließt aber lieber die Augen. Niemals darf etwas davon nach außen dringen. Die Angst vor dem Gerede der Nachbarn und Bekannten ist einfach zu groß.
Jeremias ist kein fleißiger Schüler. Warum sollte er sich auch anstrengen? Er bekommt auch so genug Zuwendung und hier und da etwas Geld zugesteckt. So hangelt er sich durch die ersten Schulklassen, ohne wirklich den Sinn einer Schulausbildung zu begreifen.
Auch als Messdiener wird er innerhalb kürzester Zeit zum Liebling des Priesters. Jeremias lernt schnell und ihm wird von Tag zu Tag klarer, wie die Welt um ihn herum funktioniert. Kaum hat sich der Priester zum ersten Mal seiner bemächtigt, schon kann Jeremias ihn manipulieren. Als auch noch ein zweiter Priester hinzukommt, ist sein Glück perfekt. Diese beiden mächtigen

Männer haben nicht nur einen Narren an ihm gefressen, sondern unterstützen ihn ohnegleichen.
In der Schule läuft es eher schlecht für Jeremias. Er bleibt zweimal sitzen und steht kurz vor einem Rausschmiss. Dass ihr Sohn die Schule ohne Abitur verlässt, kommt für Jeremias` Eltern nicht in Frage. Und so wechselt der Junge auf ein katholisches Internat in Bayern.
Dort freundet er sich schnell mit den Lehrern an. Manch schlechte Note wird schnell und unbürokratisch ausgebügelt, sobald Jeremias mit dem Po wackelt. Das hat zwar zur Folge, dass sein Wissen mehr als mangelhaft ist, die Versetzungen aber nie wirklich gefährdet sind.
Andere Vergünstigungen holt er sich von jüngeren Mitschülern. Er hat das Prinzip „nach oben buckeln – nach unten treten" schnell erkannt und nutzt seine sichere Position gnadenlos aus, um sich Vorteile zu verschaffen. Ist ein Junge nicht bereit, ihm zur Verfügung zu stehen, ihm Geld zu geben, ihn abschreiben zu lassen, kann das ungeahnte Nachteile für den Schüler bedeuten. Jeremias kann sich bei den Lehrern für jemanden einsetzen oder ihm schaden. Etliche Mitschüler brechen aufgrund dieser Erlebnisse die Schule ab. Einige begehen sogar Selbstmord.
Den Lehrern bleibt sein Treiben natürlich nicht verborgen, aber niemand traut sich, ihm diese Eskapaden zu verbieten. Die Angst, er könnte plaudern, verschließt jeden Mund sofort und nachhaltig.
Ein jüngerer Schüler liegt Jeremias besonders am Herzen. Michael ist sein Traum-Boy. Er ist groß und schlank und damit das ganze Gegenteil von ihm selbst. Michael ist anfangs etwas irritiert, aber nicht wirklich abgeneigt

und so werden die beiden ein Paar. Während viele Mitschüler diese Verbindung begrüßen, sehen ein paar Lehrer ihre Felle davonschwimmen.
Aber alle Vermutungen werden schon nach kurzer Zeit Lügen gestraft. Sowohl bei den Lehrern, als auch bei den Schülern treten die beiden ab jetzt im Doppelpack auf. Die Mitschüler geben Jeremias und Michael die Spitznamen Pat und Patachon nach dem gleichnamigen Blödel-Duo aus den Anfangszeiten des Kinos. Wenn sie über den Schulhof schlendern, haben sie wirklich Ähnlichkeit mit den verblichenen Kino-Stars. Während Michael federnd und sportlich voranschreitet, humpelt Jeremias eher schwerfällig an seiner Seite.
Die meisten Schüler halten lieber Abstand zu den beiden. Man kann nie wissen, was die zwei im Schilde führen. Und so ist es besser, nicht aufzufallen.
Auch Michael ist von seinem Vater sexuell missbraucht worden. Seine Mutter hatte allerdings nicht nur zugesehen, sondern aktiv mitgemacht. Als der Vater sich scheiden lässt und eines Tages geht, wird Michael sofort zum Partnerersatz für seine Mutter. Sie liebt ihn abgöttisch, verzeiht ihm jeden Fehltritt und gibt ihm Geld, so oft er danach verlangt. So entwickelt sich Michael zu einem Narzisten reinsten Wassers. Im Grunde seines Herzens ist er ein Feigling, da er nie lernen musste, sich selbst zu behaupten. Seine Mutter regelt alles für ihn. Er kaschiert seine Minderwertigkeitsgefühle mit einem, bis ins Unendliche, übersteigerten Selbstbewusstsein.
Pat und Patachon hatten sich gesucht und gefunden.

Kurz vor dem Abitur kommt es zur ersten Beziehungskrise. Während Jeremias seine klerikalen Kontakte nutzen und Priester werden will, zieht es Michael eher in die bürgerliche Welt hinaus. Er hat das andere Geschlecht für sich entdeckt und sieht nicht ein, den Rest seines Lebens nur mit Männern zu verbringen.
Jeremias ist tief getroffen. Seine Liebe zu Michael stirbt deswegen aber nicht. Er wird nie aufhören zu hoffen. Michael wird stets einen Platz in seinem Herzen haben. Eines Tages würde Michael seinen Irrtum einsehen und zu ihm zurückkehren.
Während Jeremias` Eltern hoch erfreut sind und die steile Karriere ihres Sohnes mit Stolz und Wohlwollen betrachten, ist Michaels Mutter sehr enttäuscht. Ein Priester in der Familie hätte das Ansehen – auch ihres natürlich – angehoben und sie hätte richtig stolz sein können. Allerdings hält ihr Verdruss nicht lange vor. Schnell ist die Niederlage verdrängt. Man muss halt nach vorn schauen. Die Vergangenheit ist ja nicht mehr zu ändern.

Michael genießt seine plötzliche Freiheit in vollen Zügen. Er wechselt die Freundinnen, und damit die Betten, wie andere Männer ihre Hemden. Seiner Mutter wohnt er nicht mehr bei, da ihm die Mädchen seiner Altersklasse wesentlich attraktiver erscheinen. Schnell findet er heraus, dass es eher die Mauerblümchen sind, die ihn interessieren. Mädchen, die umschwärmt werden, lässt er lieber links liegen. Bei denen hätte er Substanz zeigen müssen, die hätte er gegen Angriffe von außen verteidigen müssen. Die hatten einen eigenen Kopf. Mauerblümchen hingegen sind froh, wenn er sich ihrer annimmt, sie

durch seine Anwesenheit aufwertet. Die kann er manipulieren, formen. Die fressen ihm schnell aus der Hand und verzeihen auch mal einen Seitensprung, ohne gleich Theater zu machen. Denn Einschränkungen sind nicht seine Sache.
Auch ältere Frauen lässt er nicht am Wegesrand liegen. Er kommt schnell dahinter, dass auch die sehr dankbar sein können, dass auch die sich freuen, einen so jungen Hengst an ihrer Seite zu wissen. Selbst wenn es nur für ein paar Nächte ist.
Er lebt gut vom Geld seiner Mutter und macht mehrere Ausbildungen. Nebenher engagiert er sich in karitativen Vereinigungen. Eigentlich interessieren ihn die Opfer oder Benachteiligten gar nicht wirklich. Ihm ist das Lob wichtig, die Anerkennung, die er für seine Arbeit erntet. Für diese Leute kämpft er, um seiner selbst willen.
Demonstrationen sind ebenfalls seine Sache. Ob gegen Atomkraft marschiert wird oder gegen das Waldsterben – Michael ist stets zur Stelle, um für das Gute und Gerechte einzutreten. Der Staat ist Schuld und natürlich die Reichen und Mächtigen. Er, der es nie gelernt hat, für sich und seine Taten Verantwortung zu übernehmen, schiebt auch in diesen Fällen alles anderen zu.
Er, der seine eigenen psychischen Defizite niemals aufgearbeitet hat, macht sich für andere stark. Er lässt sich gern feiern und bewundern. Er lebt davon, kann ohne Anerkennung nicht existieren. Und wehe, jemand macht ihm seinen Posten streitig oder durchschaut ihn sogar. Ja, dann kann er sehr aggressiv werden, kann gnadenlos zuschlagen, kann die Kontrolle über sich verlieren. Sein wahres Gesicht darf niemand sehen. Von seinen Treffen

mit Jeremias und anderen Herren darf niemand etwas erfahren. Er, der Super-Held, der für unterdrückte Homosexuelle auf die Straße geht, will nicht in die Schwulen-Ecke geschoben werden. Auch seine Bordellbesuche, seine phasenweise unstillbare Sexlust, seine immens teuren Anrufe bei Sex-Hotlines müssen natürlich geheim bleiben. Er kann sich im Notfall sogar als Vegetarier verkaufen, um dann heimlich und ungesehen eine Currywurst nach der anderen zu verschlingen.
Er fühlt sich prächtig als Anführer, als Macher. Er lässt sich gern bewundern und kann es überhaupt nicht ausstehen, wenn ihm jemand seinen Posten streitig machen will. So geht es oft auf Raubzug. Die da oben müssen bestraft werden. Und wie kann man diese Leute am ehesten bestrafen? Ganz einfach, indem man ihnen das Liebste zerstört, nämlich das Auto.
So werden auf nächtlichen Streifzügen so viele Mercedes-Sterne abgebrochen wie möglich. Hoher Sachschaden wird dabei nicht nur in Kauf genommen, sondern sogar mit einem Zusatzbeifall bedacht. Nimmt man dem Mercedes den Stern, hat man ihn faktisch kastriert. Nach der Tat handelt es sich nur noch um ein ganz normales Auto.
Dass auch Normalsterbliche Mercedes fahren und vielleicht viele Jahre dafür hatten sparen müssen, wird gern übersehen. Die da oben müssen einfach bestraft werden und wenn es dann zufällig mal einen nicht so reichen Menschen trifft, dann ist das eben Pech. Wo gehobelt wird, fallen Späne. Was muss der sich auch so eine Luxusschaukel kaufen.

Als selbst ernannter Sittenwächter zieht er mit seiner Bande durch die Straßen, um für Gerechtigkeit und Gleichberechtigung zu kämpfen, in dem er Straftaten begeht. Die Bonzen, die mit ihren Steuerzahlungen auch ihn und seine Freunde unterstützen, sollen büßen. Dass der Staat ihn und seine Freunde immer wieder auffängt, wenn es mal brenzlig wird, sieht er nicht, will er nicht sehen.

Eines Tages, Michael hat sich gerade mal wieder mit Hausbesetzern solidarisiert, hat Steine vom Hausdach aus auf Polizisten geworfen und Parolen geschrien, stößt eine junge Frau zu seinem Haufen. Dörte ist genau seine Kragenweite. Sie ist nicht besonders hübsch, aber auch nicht wirklich hässlich.
Er lässt seinen ganzen Charme spielen, um sie zu erobern, beißt aber immer wieder auf Granit. Bei Dörte muss er sich schon sehr anstrengen und ehe er begreift, was geschieht, zappelt er diesmal in ihrem Netz und nicht sie in seinem.
In einem Moment scheint sie ihn wahnsinnig zu lieben und im nächsten jagt sie ihn aus dem Zimmer. Mal himmelt sie ihn an, mal sucht sie förmlich nach Gründen, um ihn zu erniedrigen, ihm wehzutun. Er wird aus ihr nicht schlau, hat auch oft keine Lust mehr, mit ihr zusammen zu sein, schafft es aber nie, sich wirklich von ihr zu lösen. Wahrscheinlich ist sie seiner Mutter einfach zu ähnlich.
Als Jeremias von dieser Beziehung erfährt, schrillen bei ihm sämtliche Alarmglocken. Hatte er seine große Liebe jetzt endgültig an eine Frau verloren? Vorsichtig ver-

sucht er, Dörte in ein schlechtes Licht zu rücken, lässt es aber sofort wieder sein, als er spürt, dass Michael dann eher von ihm abrückt, als von dieser Frau. Er wird eben Geduld haben müssen. Eines Tages würde Michael bestimmt zu ihm zurückkehren.

Dörte leidet oft unter Albträumen und bricht in Panik aus, wenn sie erwacht. Michael ist völlig überfordert. Mal klammert sie sich an ihn, mal läuft sie im Zimmer herum und versucht, böse Geister zu vertreiben. Gibt sie sonst die starke, ja fast fanatische Feministin, so ähnelt sie in solchen Momenten eher einem kleinen geschundenen Kind.

Je länger die Beziehung andauert, je mehr erfährt er von ihr. Sie ist in glücklichen Familienverhältnissen aufgewachsen und hat angefangen, Psychologie zu studieren. Leider driftet sie immer wieder ab und lässt Studium, Studium sein. Irgendwie schafft sie es nicht, zum Ende zu kommen. Es gibt eben oft wichtigere Dinge, die sie tun muss. Mal muss sie sich für Frauen stark machen, die von ihren Ehemännern verprügelt werden, mal für arme Tiere im Tierheim. Natürlich sind auch für sie die da oben schuld und eines Tages hat sie mehr Mercedes-Sterne gesammelt als er. Stolz schwenkt sie ihre Plastiktüte voller Sterne, wenn sie mal wieder unterwegs gewesen war.

Da ihre Albträume oft nur für kurze Zeit ausbleiben und sie immer mehr darunter leidet, erzählt sie einem ihrer Professoren davon. Der rät ihr, einen seiner Freunde aufzusuchen und ihm ihre Träume zu erzählen. Allerdings bringen sie diese Gespräche nicht weiter und eines Tages weiß sie mehr über den Psychologen, als er über sie.

Nach und nach kommt sie dahinter, dass Stress ihre Albträume zumindest zeitweise unterdrückt. So rutscht sie Stück für Stück in einen brachialen Aktionismus. Ab jetzt wird kein Event mehr ausgelassen. Keine Frau, kein Tier darf mehr unschuldig leiden. Sie kämpft bis zur Erschöpfung für eine gerechte Welt, kann ihre Albträume aber immer nur für kurze Zeit unterdrückt halten.

Eines Tages hört sie von einem Trauma-Spezialisten. Sobald es ihre knappe Zeit zulässt, sucht sie diesen auf. Während vieler Gespräche steigen seltsame Erinnerungen in ihr hoch. Männer sind da zu sehen, die sie fesseln. Frauen, die zuschauen, die ihr seltsam schmeckende Getränke reichen. Mädchen, die schreien. Mädchen, die ebenfalls gefesselt sind, die von den Männern der Reihe nach vergewaltigt werden.

Nach und nach dämmert ihr, dass sie Opfer von sexuellem und rituellem Kindesmissbrauch geworden ist. Immer wieder kommen ihre Eltern in ihren Erinnerungen vor, genau wie ihre Schwester. Plötzlich bricht der Damm und sie kann sich erinnern. Jede Einzelheit bahnt sich einen Weg in ihr Gedächtnis zurück. Konnte sie all diese bestialischen Erlebnisse einfach so verdrängt haben?

Sie beginnt damit, sich mit der Thematik zu beschäftigen und erfährt, dass die Verdrängung, also die Ablage solcher Erlebnisse in ein Extrakästchen im Gehirn, auf das selbst sie selbst nicht immer Zugriff hat, zur Überlebensstrategie von missbrauchten Kindern gehört, um weiterleben zu können.

Obendrein erfährt sie, wie man Kinder konditioniert, wie den Pawlowschen Hund. Jedes Mal wenn der sein

Futter bekam, wurde mit einem Glöckchen geläutet. Später sabberte der Hund schon, wenn er nur das Glöckchen hörte, selbst wenn es kein Futter gab.
Die Täter setzen das Opfer einem extremen Stress aus. Das Opfer wird z. B. in einer sehr schmerzhaften Körperhaltung gefesselt oder man erwürgt vor seinen Augen ein Kaninchen. In dieser Stresssituation wird dann eine bestimmte Handbewegung gemacht, ein bestimmtes Wort mehrfach wiederholt oder eine bestimmte Nahrung gegeben. Nach einer Weile reagiert das Opfer allein schon auf den eingetrichterten Schlüsselreiz. Sie erinnert sich, dass sie als Mädchen immer ihren Rock hochgezogen hatte, sobald ihr Vater nur mit den Augen rollte. Also war auch sie konditioniert worden.
Viele Monate arbeitet sie mit dem Trauma-Spezialisten und sucht gleichzeitig nach weiteren Erkenntnissen, nach Fallbeispielen. Sie will Licht ins Dunkel ihrer Kindheit bringen. Als sie einige Szenen rekonstruiert und sich nun absolut sicher sein kann, dass das, was sie träumt und erinnert, der Realität entspricht, steigt eine große Wut auf ihre Eltern in ihr hoch.
Sie schreibt ihrem Vater, der schon während ihrer Jugendjahre die Familie verlassen hatte und ins Kloster gegangen war, einen Brief, in dem sie ihre Erinnerungen schildert. Obendrein teilt sie ihm mit, dass er ihr eine große Summe Geld zu überweisen habe, um die Schäden zumindest teilweise auszugleichen. Sie erhält nie eine Antwort.

Inzwischen hat sich die Gruppe etwas Neues einfallen lassen. Man will der bösen Welt entsagen, einen alten

heruntergekommenen Bauernhof pachten und bewirtschaften. Ein autarkes und beschauliches Leben im Einklang mit der Natur scheint ideal, um sich der Selbstfindung hinzugeben.
Dörte gehört natürlich zu den Organisatoren und ist somit vollauf beschäftigt. Die Albträume bleiben aus und ihre Erinnerungen treten immer weiter in den Hintergrund. Sie hat jetzt schließlich Wichtigeres zu tun. Ein Hof muss gefunden und die Gruppe zusammengehalten werden. Dass nur keiner aus der Reihe tanzt. Straffe Organisation ist der Schlüssel zum Glück. Michael wird einfach von ihr mitgerissen.
Auf der Suche nach einem Einkommen, ist Dörte auf eine recht lukrative Einnahmequelle gestoßen. Durch einen Bekannten war sie auf eine Firma aufmerksam gemacht worden, deren Mitarbeiter Passanten befragen und Statistiken erstellen sollen. Sie spricht bei der Firma vor, wird genommen und eingearbeitet. Schnell hat sie ein System entwickelt, mit dem sie mit wenig Aufwand viel Geld verdienen kann. Da die Passanten anonym befragt werden, macht sie sich keine Gedanken über die Verwendung der erhobenen Daten.
Nachdem die Mauer gefallen ist, hat im Osten Deutschlands eine große Landflucht eingesetzt. Alle wollen im sonnigen Westen ihr Glück machen. So ist es nicht schwer, einen passenden Hof zu finden. Der Umzug kann beginnen.
Dörte, Michael und die anderen der Gruppe laden ihre Habseligkeiten auf einen alten LKW und fahren gen Osten. Der Hof befindet sich in einem recht desolaten Zustand und ist kaum bewohnbar. Das Stromnetz macht

einen verbastelten Eindruck und eine Wasserleitung gibt es nicht. Das Wasser muss per Hand aus einem Brunnen geschöpft werden.
Die Gruppendynamik führt dazu, dass alle begeistert tun, es aber offensichtlich nicht wirklich sind. Natürlich hat Dörte hier die Möglichkeit, sich um arme, geprügelte Kreaturen zu kümmern und vegetarisch zu leben, aber schon bald kommt es zu ersten Reibereien, da Radio und Fernsehen von Dörte & Co. abgelehnt werden, von einigen aber genutzt werden wollen.
Streitet Dörte häufig mit den anderen Gruppenmitgliedern ob ihrer Abtrünnigkeit, so schleppt sie auf der anderen Seite Entenküken den ganzen Tag mit sich herum, um diese vor den Unbilden der bösen Welt zu beschützen. Dass diese Art der Tierliebe nichts mit artgerechter Haltung zu tun hat, kommt ihr dabei gar nicht in den Sinn.
Michael macht sich ab und zu aus dem Staub, um „dringende" Familienangelegenheiten zu regeln oder seine Mutter zu besuchen. Kaum ist er dem Gruppendiktat entronnen, fällt eine Last von ihm ab und er macht sich schon auf dem Weg über die herrlichsten Fleischgerichte her. Auch seine Anrufe bei Sex-Hotlines nimmt er sofort wieder auf und der eine oder andere Bordellbesuch muss ebenfalls schnellstens abgearbeitet werden.
Dörte muss wohl oder übel „ihr" Reich dann und wann verlassen, da das autarke Leben nicht so funktioniert, wie geplant. Sie muss wohl oder übel hin und wieder Statistiken erstellen, um ihren Lebensunterhalt zu finanzieren. So kommt es vor, dass ihre Freunde während ihrer Abwesenheit Dinge tun, die ihr nicht gefallen.

Nach und nach beginnt Dörte ein Regiment aufzubauen, dass mit Freiheit nichts mehr zu tun hat. Sie bestimmt die Regeln und werden diese nicht strikt eingehalten, tobt sie schreiend und zeternd durchs Haus. Niemand traut sich, ihr zu widersprechen, da sie mit ihren Verbalattacken jeden mit viel Zynismus niederbügeln kann. Michael wird dazu verdonnert, eine Ausbildung zum Landwirt zu machen. Er soll lernen, wie man einen Hof führt und erfolgreich bewirtschaftet. Dörte beschließt, dass dieser Hof der Lebensmittelpunkt für sich, Michael und die anderen Mitstreiter werden und für alle Zeiten bleiben soll. Was kann es schöneres geben, als Tiere zu retten und von der eigenen Hände Arbeit zu leben?
Im Laufe der Zeit stoßen ein paar Neue dazu, während Alte abwandern. Die Neuen wollen sich nicht mehr alles vorschreiben lassen und so macht sich – aus Dörtes Sicht – ein gewisser Schlendrian breit. Auch ihre Wutausbrüche scheinen Stück für Stück ihre Wirkung zu verlieren. Michael hat zwar eine Ausbildung zum Landwirt begonnen, macht sich aber zwischendurch immer mal wieder aus dem Staub, um das „wahre" Leben genießen zu können.

Eines Tages – er hat erst vor kurzem seine Ausbildung zum Landwirt abgeschlossen – trifft er in seiner Heimatstadt einen alten Schulfreund wieder, den er auf dem katholischen Gymnasium kennen gelernt hatte.
Hubertus wird schon während seiner Jugendtage von seinen Eltern gedrängt, Priester zu werden. Da es auch bei ihm mit der Schule hapert, wird er ebenfalls ins katholische Internat geschickt. Der eher weichliche Junge

soll auf diese Weise Ruhm und Ehre über die Familie bringen.
Sein Vater, der, sobald Fremde in der Nähe sind, ein sehr heiliges Gesicht aufsetzen kann, und seine Mutter, die ihrem Ehemann an Heiligkeit in nichts nachsteht, brauchen diese Fassade, um von den extremen Zuständen in ihrer Familie abzulenken. Wer immer freudig zur Kirche geht und noch freudiger spendet, muss einfach ein guter Mensch sein.
Hubertus und seine Schwestern malen da ein anderes Familienbild. Der Vater ist Extremalkoholiker und jähzornig. Schläge und Erniedrigungen sind an der Tagesordnung. Die Mutter sieht zu, wie ihre eigenen Kinder misshandelt werden, und unternimmt nichts. Was der Familienvorstand tut, hat automatisch den göttlichen Segen.
Hubertus und Michael lassen die alten Zeiten wieder aufleben. Michael schwärmt von den Gymnasialjahren. Hubertus erinnert sich eher mit gemischten Gefühlen an Michael, Jeremias, seine Mitschüler und die Lehrer. Er selbst wird zwar nie von Jeremias und Michael attackiert, hat aber die eine oder andere unkeusche Begebenheit mitbekommen und nur geschwiegen, um nicht selbst ins Visier von Michael, Jeremias und dessen Lehrerfreunde zu geraten.
Als Michael bemerkt, dass sich Hubertus` Freude in Grenzen hält, beginnt er damit, sich über Jeremias, den kleinen, dicken, hinkenden Priester lustig zu machen. Er, Michael, hätte damals nur mitgemacht, um nicht selbst unterdrückt zu werden. Und schließlich sei Hubertus ja nur verschont worden, weil er sich für ihn eingesetzt

hätte. Mit Jeremias hätte er schon seit vielen Jahren nichts mehr zu tun und der solle ihn bloß in Ruhe lassen mit seinem schwulen Gefasele.

Hubertus älteste Schwester Hildegund ist eineinhalb Jahre jünger als er selbst. Sie hat besonders unter ihrem Vater zu leiden und war schon während der Schulzeit von zwei Lehrern angegrabbelt worden. Sie hatte ihrer Mutter den Verlauf dieser Übergriffe geschildert und um Hilfe gebeten. Diese hatte aber nichts unternommen, weil sie keinen Ärger haben wollte.
Hildegund verliebt sich in einen angehenden Lehrer und heiratet den gleich nach Beendigung ihrer Ausbildung. Schon während der Ausbildung unterbreitet sie ihrer Mutter mehrmals den Vorschlag, mit ihrer Hilfe auszuziehen, um das Martyrium für sich und ihre Schwestern zu beenden. Stets erhält sie zur Antwort, dass eine ehrbare christliche und katholische Frau niemals ihren Ehemann verlässt. Was Gott zusammenfügt, das darf der Mensch nicht scheiden.
Nach und nach ziehen alle Schwestern aus. Die Zweitälteste wird Krankenschwester und heiratet einen Kollegen. Die Drittälteste zieht in die Nähe ihres Studienplatzes. Als die jüngste Schwester, Clara, ebenfalls wegzieht, um eine Fachschule zu besuchen, gibt Hildegund endgültig auf.
Ihr Ehemann hat seine Referendarzeit beendet und eine Stelle an einer weit entfernten Schule angenommen. Hildegund ist nun Hausfrau und kümmert sich um Haus und Hof. Der Stress ihres Elternhauses verblasst langsam und zum ersten Mal in ihrem Leben stellt sich eine

gewisse Ruhe ein. Hier muss sie nicht den ganzen Tag in einer Habachtstellung verbringen. Hier hat ihr Vater keine Macht über sie.
Sie genießt die Ruhe, lässt sich gern von ihren Geschwistern besuchen, unternimmt Radtouren in die schöne Umgebung oder trifft sich mit anderen Lehrerfrauen zum Kaffee. Nach ein paar Monaten wird es ihr allerdings zu langweilig. Immer wieder hat sie unter furchtbaren Albträumen zu leiden. Immer wieder steigen Bilder in ihr hoch, die sie nicht deuten kann.
Sie nimmt an psychologischen Workshops teil und stößt dabei auf immer mehr Einzelheiten. Ihr Hass auf den Vater steigert sich und sie ahnt, dass außer Schlägen und Erniedrigungen noch mehr passiert sein musste. Außerdem leidet sie seit ihrer Jugend unter extremen Regelschmerzen. Zwei oder drei Tage im Monat musste sie sogar der Schule fern bleiben, weil jeder Schritt, jede Bewegung ihr unsägliche Schmerzen bereiteten. Jetzt ist sie noch nicht einmal dreißig und hat schon mehrere Unterleibsoperationen hinter sich, die allerdings keine gravierende Verbesserung ihrer Lage gebracht haben.
Sie hat verschiedene Ärzte aufgesucht und jeder hatte ihr Besserung versprochen oder zumindest in Aussicht gestellt. Man hatte sie operiert und ihr oft solche Schmerzen zugefügt, dass sie gekrümmt durch die Krankenhausflure gehumpelt war. Wenn keine Besserung eingetreten war, hatte man ihr zu mehr Geduld geraten. Geduld! Geduld! Geduld! Sie konnte das Wort schon nicht mehr hören. Wie viel Geduld sollte sie denn noch aufbringen? Bis ans Ende ihrer Tage?

Da es ihr zu Haus zu langweilig wird, sucht sie sich eine Halbtagsstelle und kehrt in ihren erlernten Beruf zurück. Ihr Ehemann, der sich selbst als Alleinernährer versteht, billigt ihre Freiheitsliebe nicht und es kommt oft zum Streit. Eines Tages wird es ihr zu viel. Sie sucht sich eine kleine Wohnung und zieht aus. Ein herrschsüchtiger Mann reicht ihr im Leben. Einen Zweiten will sie nicht akzeptieren.
Da ihr das tägliche Arbeitseinerlei auf Dauer keine Freude mehr bereitet, macht sie nebenher eine Ausbildung zur Lebensberaterin. Schon kurze Zeit nach ihrem Diplom kommt sie bei einer kirchlichen Einrichtung unter und geht völlig in ihrem neuen Beruf auf. Jetzt kann sie ihre eigene Erfahrung nutzen, um anderen zu helfen, anderen ein ähnliches Schicksal, welches sie es selbst erlebt hatte, zu ersparen oder zumindest zu lindern. Sie ist schnell sehr beliebt und wird dem entsprechend gut frequentiert. Schon nach kurzer Zeit übernimmt sie sogar die Leitung der Einrichtung.
Auf einem weiteren Seminar hört sie zum ersten Mal von mir. Sie zögert nicht lange und ruft mich an. Sie schildert mir ihre Beschwerden und ich lade sie zu einem Gespräch in die Praxis ein. Dort erklärt sie mir, dass sie wahre Wunderdinge über mich gehört hätte und ich solle ihr mehr von mir erzählen.
So kläre ich sie über meinen Lebensweg auf, erzähle ihr von meinem eigenen, selbst erlebten Missbrauch, von meiner Familienkonstellation, von meiner Ausbildung, meiner Arbeit. Ich erzähle ihr, dass ich schon während meiner Jugendzeit den sexuellen Missbrauch von Kindern angeprangert habe, dass niemand reagieren wollte,

dass ich herausgefunden habe, dass viele körperlichen Störungen psychische Ursachen haben, dass ich mich auf diesem Gebiet fortgebildet, dass ich viele Lehrgänge besucht und mich zum Schmerztherapeuten (DGNS) weitergebildet habe, dass ich nach Indien gereist bin, um dort die original ayurvedische Heilkunst zu erlernen und auch, dass ich viele Gespräche geführt habe und sich dadurch schon Anfang der neunzehnhundertachtziger Jahre die ersten Selbsthilfegruppen um mich herum gebildet haben.

Sie fragt mich, was ich ihr raten würde. Ich bitte sie, mir aus ihrem Leben zu erzählen und mir wird schnell klar, dass ich ein Missbrauchsopfer vor mir habe.

„Mein Vater rennt jeden zweiten Tag in die Kirche. Dort betet und beichtet er und am Ende wirft er jede Menge Geld in den Klingelbeutel. Nach außen hin tut er unglaublich heilig, aber bei uns zu Haus hat er ein Schreckensregiment geführt und die ganze Familie terrorisiert. Obendrein ist er jeden Tag volltrunken, stänkert herum und macht uns nieder.

Unsere Mutter schaut seinem Treiben tatenlos zu. Wie oft haben wir Kinder sie gebeten, etwas gegen ihn zu unternehmen? Ich habe ihr sogar angeboten, eine Wohnung zu finanzieren, nachdem ich ausgelernt hatte. Wir hätten vielleicht sparen müssen, aber besser sparen, als mitten im Terror leben. Aber sie hat immer abgelehnt. Eine gläubige Frau trennt sich nicht von ihrem Ehemann, hat sie uns ewig und drei Tage vorgebetet, selbst wenn der die eigenen Töchter missbraucht. Sie war sogar hin und wieder dabei. Anfangs hat sie noch aufbe-

gehrt, aber, nachdem er sie einmal zu Boden geschlagen hatte, hat sie geschwiegen.
Auch einer meiner Lehrer hat mir immer wieder an den Busen gefasst, ein zweiter unter den Rock. Davon habe ich unserer Mutter erzählt, aber die hat nichts unternommen. Wir Kinder standen immer allein auf weiter Flur. Unsere Mutter hat uns sogar noch zum Schweigen vergattert, um keine üble Nachrede aufkommen zu lassen. Ihr war es immer sehr wichtig, was die Nachbarn sagen könnten.
Eine meiner Schwestern leidet aufgrund der Übergriffe an Hospitalismus, eine andere kratzt sich halb zu Tode und meine jüngste Schwester leidet dauernd unter Unterleibsproblemen, so wie ich. Ich weiß nicht mehr, wie viele Ärzte wir aufgesucht haben, aber keine Therapie hat wirklich auf Dauer angeschlagen."
Wir führen viele Gespräche und Hildegund fasst immer mehr Vertrauen zu mir. Ich erkläre ihr, dass jeder Mensch selbst entscheiden kann, ob er Hilfe annehmen will oder nicht, dass man niemanden zu seinem Glück zwingen kann, dass jeder das Recht hat, Fehler zu machen.
Ist sie anfangs nervös, ja teilweise sogar überdreht, so wird sie von Gespräch zu Gespräch ruhiger. Sie fängt an, die Welt realistisch zu sehen und nicht, wie zuvor, durch ihre Emotionen vernebelt. Sie löst sich langsam aus ihrer Konditionierung und lernt, ihre Eltern, ihr ehemaliges Umfeld, ihre Geschwister aus dem Abstand heraus zu betrachten und die Familienkonstellation zu verstehen. Sie kommt dahinter, dass sich ihre Eltern gegenseitig brauchen – und zwar so, wie sie sind. Sie sieht ein, dass

ihre Mutter keine arme, geprügelte Frau ist, sondern sich diese Rolle selbst zugedacht hat, dass sie ihren Mann benutzt, um gut dazustehen, um Mitleid zu erregen. Sie erkennt, dass sie selbst ebenfalls mitspielt – genau wie ihre Geschwister. Im Laufe der Zeit kommt sie selbst dahinter, dass sie immer noch in eine Habachtstellung verfällt, wenn ihr Vater anruft, dass er sie immer noch kontrolliert und sie sich immer noch manipulieren lässt. Langsam verabschiedet sie sich von ihrer selbst gemalten Welt.

Nach und nach wird sie aufmüpfiger gegenüber ihrem Vater, bricht aber nach wie vor zusammen, wenn der seine Stimme erhebt. Sie erlebt am eigenen Leib, wie die Konditionierung immer noch greift, sobald sie auch nur einen Moment lang nicht aufpasst.

Aber sie ist frohen Mutes und begleitet mich sogar auf einer Indienreise, um sich selbst ein Bild von der ayurvedischen Heilkunst und den Lebensumständen in Indien machen zu können.

In dieser Zeit berichtet sie mir, dass ihre jüngste Schwester bei ihr zu Besuch war. Diese hätte wieder einmal enorme Unterleibsprobleme und würde gern mit mir darüber sprechen. Ich lade die beiden ein und gebe Hildegunds Schwester ein paar einfache Tipps. Schon nach wenigen Tagen sind die Beschwerden vergangen.

Nun besucht mich auch Clara regelmäßig. Sie findet schnell Anschluss in unserer Gruppe und kommt fast jedes Wochenende aus Kassel angefahren, um die Zeit mit uns zu verbringen. Sie ist – genau wie ihre Schwester – am Ayur Veda interessiert und fragt mich Löcher in den Bauch.

Da sie von Beruf Physiotherapeutin ist, biete ich ihr an, ein Praktikum in meiner Praxis zu machen. Sie stimmt freudig zu, kündigt ihre Stelle in Kassel und zieht in unsere Nähe. In einer nahen Großstadt findet sie einen neuen Arbeitsplatz und verbringt fast ihre gesamte Freizeit in meiner Praxis. Sie ist äußerst lernbegierig und begreift schnell auch komplizierte Zusammenhänge. Eines Tages frage ich sie, ob sie nicht ganz in meiner Praxis mitarbeiten wolle. Sie ist sofort einverstanden und so stelle ich sie ein.
Wir werden ein gutes Team. Sie saugt alle Informationen wie ein Schwamm in sich auf, fliegt mit mir nach Indien und wird ebenfalls Schmerztherapeutin (DGNS).

Eines Abends steht eine Frau in meiner Praxis. Als ich sie nach ihrem Begehr frage, erzählt sie mir, dass sie meine Hilfe in Anspruch nehmen wolle.
„Ich komme mit meinem Leben nicht mehr klar und muss schnellstens etwas ändern. Sonst gehe ich in naher Zukunft vor die Hunde."
Wir reden noch lange an diesem Abend.
„Ich wurde von Verwandten sexuell missbraucht. Obendrein leide ich sehr darunter, dass mein Bruder immer vorgezogen wird. Ich komme mir vor, wie das fünfte Rad am Wagen. Der durfte studieren und ich nicht. Der ist jetzt ein hohes Tier, verdient viel Geld und ist der Liebling meiner Eltern, während ich hinten und vorne nicht klar komme.
Um dem Elternhaus zu entfliehen, habe ich früh geheiratet. Ich dachte, ich hätte meinen Traummann gefunden. Allerdings stellte sich nach der Hochzeit heraus,

dass mein Mann gewalttätig ist. Er hat mich häufig verprügelt und mir Drogen verpasst. Dann hat er Nacktfotos von mir gemacht und sie in seinem Freundeskreis herumgezeigt. Mit diesen Männern musste ich dann ins Bett. Einem seiner Kumpels hat er mich sogar mal zum Geburtstag geschenkt. Ich war zu feige, um mich zu wehren und habe alles mitgemacht. Nur noch völlig zugedröhnt konnte ich die vielen Männer ertragen, die mir mein Mann immer wieder zuführte und dafür abkassierte.

An jedem Tag wurde bis zum Umfallen gesoffen. Heute kann ich ohne Alkohol nicht mehr leben. Obendrein habe ich angefangen, zu klauen. Das gibt mir ein bisschen Selbstbestätigung, wenn ich nicht erwischt werde. Gibt es keine Möglichkeit, etwas zu stehlen, hole ich heimlich meine kleine Schere aus der Jackentasche und schneide ein kleines Loch in den Ärmel des Pullovers, den ich im Auge habe. Anschließend gehe ich zur Verkäuferin, erkläre ihr, dass ich den Pullover gern hätte, der aber beschädigt sei. So bekomme ich immer einen gehörigen Nachlass.

Eines Tages habe ich mir Mut angetrunken und bin abgehauen. Nun lebe ich mit einer Frau zusammen und könnte glücklich sein. Allerdings kriege ich weder den Alkohol, noch die Stehlerei in den Griff. Vielleicht können Sie mir ja helfen, davon loszukommen."

Inzwischen ist meine Wohnung kaum noch bewohnbar, da ich jede freie Fläche, und sei sie noch so klein, vollgestellt habe. Überall türmen sich Einkaufstüten und Plastiksäcke voller Klamotten, die mir teilweise gar nicht passen. Das muss jetzt ein Ende haben.

Meine Freundin hat mir klipp und klar erklärt, dass sie mich verlässt, wenn ich nicht vernünftig werde. Sie hat keine Lust, ihr Leben mit einer kriminellen Alkoholikerin zu verschwenden."
„Sollten Sie nicht mit sofortiger Wirkung den Verzehr von Alkohol in jeglicher Form einstellen, werde ich Sie nicht begleiten."
„Ich werde sofort damit aufhören. Sie sind meine letzte Hoffnung und ich will mir nicht alles kaputtmachen."
Sie rührt ab sofort tatsächlich keinen Tropfen mehr an. Sie bekommt Schweißausbrüche und Zitterattacken, halluziniert und läuft wie eine Tigerin im Käfig auf und ab. Ihrer Freundin wird das zu viel. Schnell packt die ihre Sachen und zieht aus. Monika bleibt standhaft. Sie verkriecht sich für ein paar Tage in ihr Bett und trinkt nur noch Wasser. Sie kratzt sich an vielen Stellen ihres Körpers blutig, rührt aber keinen Alkohol mehr an. Nach einigen Tagen lassen die Entzugserscheinungen nach und sie schläft völlig fertig zwei Tage durch.
Freudig steht sie eines Tages wieder vor mir.
„So, das war´s jetzt. Jetzt kann ich ein neues Leben starten."
„Was gehört denn für Sie zu einem neuen Leben dazu?"
„Ein Job und eine andere Wohnung. Ich habe keine Lust mehr, in dem alten Leuchtturm zu hausen."
„Gut, dann helfe ich Ihnen. Wie sieht Ihrer finanzielle Lage aus?"
„Ich habe im Moment überhaupt kein Geld, aber ich werde einen Kredit beantragen. Schließlich muss ich Ihre Mühe entlohnen und einen Neuanfang finanzieren."

Sie versucht ihr Glück bei mehreren Banken, wird aber überall abgewiesen. Also entschließe ich mich, ihr Geld vorzustrecken, um ihr auf die Beine zu helfen. Sie macht einen dermaßen tatendurstigen Eindruck, dass ich fest daran glaube, dass sie es schaffen und mir mein Geld zurückzahlen wird.
So gehen wir erst einmal einkaufen. Sie hat zwar viele Sachen, aber das meiste passt nicht oder ist nicht sehr ansprechend. Sie hat Abitur und ist Bürokauffrau. Wenn sie eine Chance in diesem Beruf haben will, muss sie auch adrett gekleidet auftreten können. So kaufe ich ihr einige Blusen, Röcke, Schuhe und passende Unterwäsche, um sie für den Neustart vorzubereiten. Auch ihr altes Auto ist weit davon entfernt, verkehrssicher zu sein. So kaufe ich ihr einen günstigen Gebrauchtwagen. Wie hätte sie sonst eine eventuelle Arbeitsstelle erreichen sollen?
Um eine Wohnung müssen wir uns nicht kümmern. Clara meint, ihre Wohnung sei groß genug für zwei. Monika könne gern bei ihr einziehen.
So fahren einige Gruppenmitglieder und ich eines Tages viele Kilometer, um Monikas Sachen aus dem Leuchtturm zu holen. Als ich die Wohnung, die man nur über mehrere schmale und sehr ausgetretene Holztreppen erreichen kann, zum ersten betrete, trifft mich fast der Schlag. Durch zahllose Mauerrisse zieht der Wind herein. Die Fensterrahmen sind dermaßen morsch, dass man die Flügel nicht mehr öffnen kann. Der Fußboden besteht aus gehobelten Holzbohlen und die Elektrokabel sind sehr laienhaft verlegt. Das einzig Positive, das ich

an der Wohnung entdecken kann, ist der grandiose Ausblick über Deich und Wiesen.
Hunderte von Dingen stapeln sich in alten Schränken, Glasvitrinen oder, in Tüten verpackt, auf dem Fußboden. Die Räume gleichen eher einem gut sortierten Warenlager, als einer Wohnung, in der man leben kann.
Sie hat nicht nur Röcke, Blusen und Schuhe gestohlen, sondern auch viel Nippes. Kartons voller Gläschen, Aschenbecher und Andenken kommen zum Vorschein. An den meisten Anziehsachen hängen noch die originalen Preisschilder. Sie hat die Dinge also nie benutzt bzw. angezogen.
Was soll mit dem ganzen Plunder geschehen? Ich rate ihr, erst einmal alles zu sortieren, während wir die noch brauchbaren Sachen nach unten tragen und die unbrauchbaren einfach aus dem Fenster werfen. Warum sollen wir uns mit einem vergammelten alten Teppich oder einem total windschiefen Kleiderschrank die engen Stiegen hinunterquälen?
Gott sei Dank haben wir große Umzugskartons mitgebracht. In die werden die noch brauchbaren Dinge gepackt. Die meisten Möbel stellen wir gleich an der Straße auf. Die kann die Sperrmüllabfuhr abholen. Wir sind zum Schluss wirklich erstaunt darüber, wie viel Müll in so eine Wohnung passt.
Von einigen Dingen will sie sich nicht trennen. Da der Platz in Claras Wohnung allerdings begrenzt ist, fährt sie mit einem vollen Auto zu ihren Eltern und stellt die Sachen dort in der Garage unter.
Kaum ist sie wieder da, fahren wir gemeinsam zu Claras Wohnung. Die Kapazität des Anhängers, den ich besorgt

habe, wird gar nicht ausgenutzt. Keiner von uns hätte gedacht, dass ihre Möbel nur noch für den Sperrmüll taugen.
Monika freut sich sehr darüber, dass sie nun die Möglichkeit hat, in einer schönen Wohnung zu leben und in unserer Nähe zu sein. Hatte sie früher zu mir immer gut und gern siebzig Kilometer zurücklegen müssen, so waren es nun nur noch fünf.
Nach ein paar Tagen findet Monika einen Bürojob in der Nähe und von jetzt an kann sie selbst für ihren Lebensunterhalt sorgen. Sie arbeitet sich schnell ein und scheint glücklich zu sein.
Leider ziehen nach und nach die ersten Gewitterwolken am Horizont auf. Clara berichtet mir, dass sie manchmal Angst vor Monika hätte. Die würde sich oft sehr herrisch aufführen und könne ausrasten, wenn nicht alles sofort nach ihrer Nase ginge. Daraufhin spreche ich mit Monika. Sie meint, dass sie noch nicht richtig angekommen sei, aber an sich arbeiten würde, um solche Ausraster in Zukunft zu unterbinden.

Clara und ich verstehen uns von Tag zu Tag besser und verlieben uns schließlich ineinander. Da wir nichts überstürzen wollen, bleibt jeder erst einmal in seiner Wohnung wohnen. Als Monika davon erfährt, wird sie wütend und tobt. Clara bekommt Angst und ruft mich an. Sie berichtet, dass Monika mit einem Brotmesser herumgefuchtelt hätte. Darauf setze ich mich sofort ins Auto und fahre zu ihr. Ich helfe ihr beim Packen und schon ist sie außer Gefahr.
Mit Monika gehe ich ins Gericht.

„Sag mal, hast du noch alle Tassen im Schrank? Wie kannst du es wagen, mit einem Brotmesser auf Clara loszugehen?"
„Da bin ich wohl etwas übers Ziel hinausgeschossen. Aber du solltest nicht vergessen, was ich schon alles für dich getan habe. Und nun hast du dich in Clara verliebt und nicht in mich."
„Welche Dinge hast du für mich getan?"
„Na, ich trinke keinen Alkohol mehr, bin in deine Nähe gezogen und habe mir einen Job gesucht."
„Ach, ich dachte, du hättest das für dich getan. Du wolltest doch aus deinem selbstgemachten Schlammassel raus oder etwa nicht? Wenn du etwas für mich tun sollst, werde ich es dir mitteilen. Übrigens bin ich nicht an einer Partnerschaft mit dir interessiert. Ich habe mich in Clara verliebt und sie sich in mich."
„Lass dir ruhig Zeit. Ich werde auf dich warten."
„Das ist doch Blödsinn. Selbst wenn es mit Clara und mir eines Tages mal nicht mehr hinhauen sollte, kommt für mich eine Partnerschaft mit dir nicht infrage. Ich mag dich wirklich, aber nicht als Partnerin."

Sie freundet sich mit einer Frau aus unserer Gruppe näher an und ich vermute, dass da etwas in Gang gekommen ist. Allerdings scheint die Sache nicht lange gehalten zu haben, da die beiden plötzlich wieder auf Abstand zueinander gehen.
Eines Tages besucht sie mit zwei anderen Frauen aus unserer Gruppe einen Tanzkurs. Dort gibt es einen Herrenüberschuss und so müssen auch unsere Lesben mit Männern tanzen. Während die anderen beiden Frauen dem

Tanzkurz schnell den Rücken kehren, bleibt Monika dabei und bringt zum nächsten Gruppentreffen einen Mann mit. Wir alle sind erstaunt. Wie kann das sein?
Ich vermute, dass sie mich eifersüchtig machen will. Sie ist wohl der Ansicht, dass eine Frau keine Konkurrenz für mich darstellt, ein Mann aber schon. Da ich auf diese Geschichte nicht hereinfalle, legt sie nach.
„Mein Tanzstundenpartner hat ein eigenes Haus und gedenkt, mich zu heiraten. Nur, dass ihr ´s wisst."
„Meinst du nicht, dass du vielleicht ein wenig zu schnell bist? Ihr kennt euch doch erst seit ein paar Tagen. Ich denke, du willst mich nur eifersüchtig machen."
„Eifersüchtig machen? Nie im Leben. Ich habe mich in den Mann verliebt und habe vor, mit ihm zusammenzubleiben."
Ab dem nächsten Treffen ist Holger an ihrer Seite. Wir alle sind höchst verwundert und fragen uns, was diese hochgebildete Frau mit einem dermaßen schlicht gestrickten Mann anfangen will. Bei etlichen Gesprächen kann er ganz offensichtlich nicht folgen und ihm fehlt jedwede Allgemeinbildung.
Holger lebt in seiner eigenen Welt. Dort ist er der Held, der Tausendsassa, der vor nichts Angst hat, alles weiß und jedes Problem in Sekunden löst. Dass dem nicht so ist, verdrängt er absolut. Geht etwas schief, sind immer andere Schuld, obwohl ganz klar ist, dass er es selbst verbockt hat. Seine Minderwertigkeitskomplexe überspielt er mit einem wahnwitzig übersteigerten Selbstbewusstsein, obwohl wir oft beobachten, dass ihm das Herz flattert.

Schnell zieht Monika bei ihm ein und macht nach außen hin einen glücklichen Eindruck. Daraufhin kündigt Clara ihre Wohnung.
Holger ist Handwerkergeselle, ist viel unterwegs und erzählt uns am Wochenende die abenteuerlichsten Geschichten.
„Ja, im Notfall werde natürlich immer ich gerufen. Heute Morgen habe ich ein Haus vor dem Einsturz bewahrt und gleich darauf nebenan eine Überschwemmung verhindert.
Schade, dass mein Chef ein blinder Hund ist. Wenn der endlich kapieren würde, dass ich sein bester Mann bin, könnten wir viel mehr Umsatz machen und mancher Baupfusch könnte verhindert werden. Wenn der mich zum Bauleiter machen würde, könnte ich von Baustelle zu Baustelle fahren und dann würde ich die Jungs schon auf Trab bringen. Dann wären die viel schneller fertig und wir könnten mehr Aufträge annehmen."

Eines Tages taucht er in der Praxis auf, weil er Schmerzen im Rücken hat.
„Meine unfähigen Kollegen wären fast von einer einstürzenden Wand erschlagen worden. Hätte ich nicht geistesgegenwärtig eingegriffen, wären die jetzt mit Sicherheit tot. Dabei habe ich mir wohl den Rücken verbogen. Jetzt tut mir hinten alles weh. Kannst du mal nachsehen, was da los ist?"
Er hat einen minimalen Beckenschiefstand und das Problem ist mithilfe der Impulsdehnung schnell behoben.
Ein paar Wochen später behandele ich einen Patienten,

der mir erzählt, er würde Holger von einigen Baustellen her kennen.
„Hör mir bloß mit dem auf. Alle Handwerker, die ich kenne, hauen sofort ab, wenn Holger auftaucht. Der weiß alles und vor allem alles besser. Der ist Malergeselle, legt sich aber auch immer wieder mit den Meistern anderer Gewerke an. Sein Chef würde ihn am liebsten vor die Tür setzen, tut das aber nicht, weil er so schon zu wenige Mitarbeiter hat.
Ach ja, und übrigens hat er überall herumerzählt, er hätte einen Orthopädie-Lehrgang mitgemacht und könne nun Rücken und Gelenke einrenken."
Beim nächsten Treffen spreche ich Holger darauf an.
„Hör mal, Holger, nur weil ich dir mithilfe der Impulsdehnung deinen Rücken behandelt habe, bist du noch lange nicht in der Lage, die Gelenke fremder Leute zu behandeln. Obendrein sollte dir klar sein, dass ich niemals Gelenke einrenke, sondern ausschließlich mit der Impulsdehnung behandele und die hast du nicht gelernt."
„Warum machst du mir Vorhaltungen? Das Behandeln von Menschen ist doch nicht wirklich schwer. Warum soll ich Leuten, die krank sind, nicht helfen?"
„Weil du es erstens nicht gelernt hast und weil du dich strafbar machst. Überlege doch mal, was passiert, wenn du jemandem Schaden zufügst."

Monika erlebt ein paar Tage später, was es heißt, ein Mobbingopfer zu werden.
„In unserem Büro arbeitet eine etwas ältere Kollegin. Die mochte mich von Anfang an nicht leiden. Vielleicht sehe

ich in meinem Kostüm zu gut aus. Vielleicht ist der Chef zu nett zu mir. Ich weiß es nicht. Jedenfalls schwärzt die mich dauernd beim Chef an und erzählt, ich hätte von meinem Job keine Ahnung und sie müsse all meine Tätigkeiten nacharbeiten.
Jetzt hat es diese Ziege sogar gewagt, meine Buchführung durcheinanderzubringen und das gegenüber dem Chef als Unfähigkeit hinzustellen. Und obwohl ich ihm die Lage erklärt und ihm gezeigt habe, dass ich es drauf habe, hat der sich auf ihre Seite gestellt und mich wegen meiner angeblichen Unfähigkeit gerügt.
Von dem Augenblick an war ich doppelt aufmerksam, um jeden noch so kleinen Fehler zu vermeiden. Gestern Morgen war ich plötzlich nicht mehr in der Lage, meine Dateien im Computer zu öffnen. Jemand hatte mein Passwort geändert. Da ist mir die Schnur gerissen und ich bin zum Chef gegangen. Und, stellt euch vor, der hat mich angeschrien und mir erklärt, damit sei nun meine Unfähigkeit erst recht bewiesen. Ich wäre noch nicht mal in der Lage, eine Datei zu öffnen. Er hat mir geraten, mir einen neuen Job zu suchen."
Schon nach ein paar Tagen hat sie eine neue Stelle gefunden und geht mit großem Eifer an die Arbeit. Leider kommt es schon an ihrem dritten Arbeitstag zu ähnlichen Vorfällen, wie sie sie gerade erst erlebt hatte. Sie kann tun und lassen, was sie will, sie kommt auf keinen grünen Zweig.
Daraufhin jobbt sie als Aushilfe bei verschiedenen Firmen und hat eines Tages Glück. Ein Inhaber stellt sie ein und zahlt ihr ein gutes Gehalt, weil er sehr zufrieden mit ihrer Arbeit ist.

Im Herbst heiraten die beiden, obwohl ich Bedenken hege. Wie kann es Monika mit so einem Mann aushalten? Da ich sie sehr gern habe und sie sich wirklich gut entwickelt hat, werde ich, auf ihre Bitte hin, ihr Trauzeuge. Nach der standesamtlichen Trauung gibt es einen kleinen Imbiss und abends wird im Clubzimmer einer Kneipe gefeiert. Ich mache den Disc-jockey und bringe die Familien und Freunde mit heißer Musik auf der Tanzfläche ordentlich in Gang.

Ab und zu fliege ich nach Indien, um zu lernen und um mein Hilfsprojekt zu kontrollieren, dass ich dort mithilfe eines indischen Freundes und einiger Gruppenmitglieder aufgezogen habe. Wir haben dort ein Haus gebaut, in dem sich ein großer Speisesaal und eine Küche befinden. In dem Raum können täglich arme Menschen verköstigt werden. Da wir vor Ort einkaufen und auch die Köche nach dem dortigen Lohnniveau bezahlt werden, ist diese Geschichte finanziell gut zu stemmen. Für den Preis eines Restaurantbesuches in Deutschland können wir dort gut zweihundert Personen beköstigen.
Eine Etage über dem Speisesaal befinden sich ein großer Raum, in dem wir übernachten, und darüber eine Dachterrasse, auf der wir uns sonnen können. Auch Monika und Holger fliegen mehrfach mit und heiraten sogar nach hinduistischem Ritual dort ein zweites Mal. Sie nehmen an Ausflügen teil und scheinen sich offenbar in Indien recht wohl zu fühlen.
Abends sitzen wir oft auf der Dachterrasse und unterhalten uns über Gott und die Welt. Holger erklärt mir mehrfach, dass er darüber nachgedacht hätte, sich selbst-

ständig zu machen. Er würde sowieso Vieles nebenbei machen und hätte somit schon ein paar Kunden an der Hand. Außerdem wolle er schnellstens sein Haus abbezahlen, denn das könne er mit seinem kärglichen Lohn vergessen. Auch unseren Verein würde er dann natürlich großzügig unterstützen. Ich könne ihm doch sicher bei seinem Schritt in die Selbstständigkeit helfen.
Monika ist ebenfalls freudig bei der Sache und will die Buchführung übernehmen. Was Holger anbetrifft, bin ich sehr skeptisch und sage das auch. Daraufhin wird Holger etwas ungehalten und meint, ich wolle ihn klein halten, würde ihm nichts zutrauen und keinen neben mir dulden, der auch ein großes Auto fahren wolle.
„Das ist doch Blödsinn. Ich wünsche es jedem, dass er es schafft und ein großes Auto fahren kann. Aber ein großes Auto hat nichts mit einer Selbstständigkeit zu tun. Ich habe anfangs auch Kleinwagen gefahren und mich erst nach vielen Jahren vergrößert. Auch ich musste mich langsam hocharbeiten und erst einmal meine Schulden abtragen. Da war an ein großes Auto noch lange nicht zu denken."
Holger ist verstockt und hört gar nicht mehr hin. Monika hingegen macht sich Gedanken, bittet mich aber trotzdem, ihnen bei ihrem Schritt zu helfen.
So kontaktiere ich gleich nach der Heimkehr meinen Steuerberater. Die beiden stellen sich bei ihm vor und es kommt zu ersten Gesprächen. Ich verspreche, die Werbung zu übernehmen, um den Laden in Schwung zu bringen.
Ein paar Tage später starten Monika und Holger in die Selbstständigkeit. Monika behält vorsichtshalber erst

einmal ihren Bürojob, um die Anfangsphase besser überbrücken zu können. Nach und nach kommen die ersten Aufträge rein. Ich kontaktiere einen Bauunternehmer und der erklärt sich bereit, Holger als Subunternehmer zu beschäftigen. Außerdem erzähle ich einem Arzt, der gerade sein Haus umbauen will, von Holgers Firma.
Holger ist guter Dinge und fährt jeden Morgen mit seinem neuen Firmenbus, den ich ihm günstig als Neufahrzeug besorgt habe, vom Hof. Noch spät abends werkelt er in seiner Garage, um sich für den nächsten Tag vorzubereiten. Es sieht alles so aus, als würde er wirklich Fuß fassen können.
Der Bauunternehmer und auch der Arzt beißen an und so hat er viel zu tun. Er stellt sogar ein paar Leute ein, da er die Arbeit nicht mehr allein schafft. Die Rechnungen für die Werbung, die inzwischen mehrere tausend Mark verschlungen haben, stunde ich ihm, um ihm den Start zu erleichtern.
Eines Tages steht Monika plötzlich vor meiner Tür.
„Stell dir vor, was ich gerade entdeckt habe: ich habe einen ganzen Stapel Rechnungen und Mahnungen in einer Schublade gefunden. Was soll ich damit tun?"
Ich rate ihr, mit Holger darüber zu sprechen. Es stellt sich heraus, dass Holger sich nicht getraut hatte, seine Rechnungsbeträge einzutreiben und so gnadenlos ins Minus gerutscht war. Wie hatte das passieren können? Er tut doch sonst immer so, als habe er alles im Griff und vor nichts und niemandem Angst.
Da sein Konto weit im Minus stand, hatte er die Briefe mit den Rechnungen einfach ungeöffnet in eine Schublade verbannt. Auch die folgenden Mahnungen hatte er

einfach dazugelegt. Ich spreche mit ihm und er tut alles mit einer wegwerfenden Handbewegung ab.
„Ich habe alles im Griff. Kein Mensch muss sich Sorgen machen. Monika soll sich mal nicht so anstellen. Ich werde das schon regeln."
Leider regelt er gar nichts. Eines Morgens öffnet Monika die Tür und ein Gerichtsvollzieher steht ihr gegenüber. Sie ist so von der Rolle, dass sie mich sofort anruft. Ich leihe ihr eine große Summe und der Gerichtsvollzieher zieht zufrieden wieder ab.
Am Abend spricht Monika erneut mit Holger. Der ist sofort beleidigt und lässt sich auf keine Diskussion ein. Er ist nach wie vor der Meinung, er hätte alles im Griff. Obendrein verbittet er sich für die Zukunft jegliche Einmischung, sowohl von Monika, als auch von mir.
Obwohl Monika viele Überstunden macht und deswegen manchmal erst spät abends nach Haus kommt, schafft sie es nicht, alle Rechnungen zu bezahlen. Immer wieder ruft sie mich an oder kommt vorbei, weil sie einfach nicht mehr weiter weiß. Ich erkläre ihr, dass sie Holger nicht helfen kann, wenn der keine Hilfe annehmen will.
Auch unser gemeinsamer Steuerberater verdreht die Augen, wenn er nur Holgers Namen hört. Er spricht mehrfach mit Holger über sein Geschäftsgebaren, ohne dass er ihn zur Einsicht bringen kann. Holger hat, seiner Meinung nach, alles im Griff und verbittet sich weitere Einmischungen.
Als zum zweiten Mal ein Gerichtsvollzieher an der Haustür klingelt, droht Monika mit Scheidung. Sie er-

klärt Holger, dass sie keine Lust dazu hat, seinetwegen den Bach runter zu gehen.
Erst jetzt lenkt er ein und ist bereit, ein intensives Gespräch mit dem Steuerberater zu führen. Monika bittet mich, dabei zu sein. Monika sammelt alle Unterlagen zusammen und so treffen wir uns im Büro des Steuerberaters. Es stellt sich heraus, dass Holger überhaupt gar nichts im Griff hat. Er hat einen großen Teil seiner Außenstände immer noch nicht eingetrieben. Somit ist er nach wie vor nicht in der Lage, seinen Verpflichtungen nachzukommen. Obendrein hat er, ohne Monika zu informieren, eine große Werbetafel neben einem Baumarkt für viele tausend Mark gemietet. Im Endeffekt kommt heraus, dass er seinen Eltern, seinen Schwestern und besonders seinem Bruder, der einen großen Einzelhandelsladen besitzt, imponieren will.
Wir raten ihm dringend, seine Geschäftspolitik zu ändern, da sonst eine Insolvenz gnadenlos auf ihn zukommen würde.
„Wie wäre es denn, wenn du deine Familie anpumpst, um erst einmal die drückenden Schulden loszuwerden?"
„Nein, das kommt überhaupt nicht infrage. Die haben alle kein Geld und obendrein würde ich die auch niemals anbetteln. Was sollen die denn von mir denken?"
Daraufhin telefoniert Monika mit ihren Eltern und bittet um Hilfe. Monikas Eltern wollen Einzelheiten wissen. Daraufhin treffen wir uns im Clubraum eines Restaurants zum Gespräch. Monika, der Steuerberater und ich erklären die Lage. Holger bleibt dem Gespräch fern. Er lässt ausrichten, er hätte viel zu tun und könne deshalb

nicht dabei sein. Wir vermuten eher, dass er sich vor seinen Schwiegereltern nicht traut, Farbe zu bekennen.
Nach mehreren Stunden der Aufarbeitung, erklären der Steuerberater und ich, dass wir die bei uns aufgelaufenen Schulden stunden werden. Daraufhin sind auch Monikas Eltern bereit, ihrer Tochter aus der Patsche zu helfen. Schon nach wenigen Tagen ist das Geld auf Monikas Konto eingegangen und sie kann damit beginnen, die Rechnungen Stück für Stück zu bezahlen.
Obwohl jetzt viele Schulden getilgt werden konnten, kann es so nicht weitergehen. Monika bittet erneut um Hilfe und so setzen wir uns noch einmal mit dem Steuerberater zusammen. Es hilft nichts, es muss ein Konzept her und das muss eingehalten werden. Sollte sich Holger weiterhin sträuben, wäre eine Pleite unausweichlich.
Monika ist oft so am Ende, dass sie mehrmals ernsthaft überlegt, auszuziehen. Sie bändelt mit einer Frau aus unserer Gruppe an und besucht diese ab und zu in ihrer knappen Freizeit. Darauf angesprochen meint sie, dass sie sich bei den Treffen mit der Frau endlich mal entspannen könne. Zu Haus würde sie ständig unter Strom stehen.
Da ich sowieso einen Termin mit dem Filialleiter meiner Bank ausgemacht habe und mein Steuerberater dabei sein will, erweitern wir kurzerhand die Sitzung, um über Holgers neues Konzept zu sprechen. Da Holger nicht pünktlich ist, fangen wir mit meinen Themen an. Wir sind gerade fertig, als Holger auftaucht. Er trägt seine Arbeitskleidung und folgt der Aufforderung, sich zu uns zu setzen, nicht. Er stellt sich ein paar Meter entfernt von unserem runden Tisch breitbeinig auf.

„Was glaubt ihr eigentlich, wer ihr seid, hä? Ich unterschreibe hier heute gar nix. Und ihr könnt sicher sein, dass ich mir von euch auch nichts einreden lasse. Ich werde von Banken mit Angeboten nur so überschüttet und muss erstmal prüfen, wem ich meine Gunst erweisen werde. Ich wünsche euch noch einen schönen Tag."
Wir drei starren uns erstaunt an und gehen dann auseinander.

Ein paar Tage später spricht Monika erneut bei mir vor und ist den Tränen nahe.
„Was soll ich jetzt bloß machen? Die Firma, in der ich im Büro arbeite, hat Insolvenz angemeldet. Der Chef ist am Ende, weil ein paar große Auslieferungen nicht bezahlt wurden. Jetzt habe ich nur einen kleinen Anteil meines letzten Gehaltes bekommen."
Da sie mir Leid tut, helfe ich ihr mal wieder aus der Patsche. Ich leihe ihr Geld und rufe meinen Freund Gustav an, der einen Laden an der Promenade eines Ostseebades betreibt. Gerade in den Sommermonaten kann der immer jemanden gebrauchen. Als ich ihm Monikas Geschichte erzähle, ist er sofort bereit, sie zumindest für die Sommersainson einzustellen.
Ich hatte ihm ein paar Jahre zuvor ebenfalls geholfen und ihm den Laden erst ermöglicht. Er war damals bei mir aufgetaucht und hatte mir erzählt, seine Frau hätte hin und wieder merkwürdige Anwandlungen. Böse Mächte würden sich ihr offenbaren und sie litte deshalb ab und zu unter Angstzuständen.
Wie sich bald herausstellen sollte, war auch sie als Kind sexuell missbraucht worden. Nach vielen Gesprächen

hatte sich ihr Leben einigermaßen stabilisiert und nun ging sie in ihrem neuen Laden voll auf.

Monika tut sich schwer, uns zu verlassen, da wir uns häufig an den Wochenenden zum Grillen, zum Klönen oder zu Spaziergängen treffen. Auch während der Woche sitzen wir oft nach Praxisschluss mit mehreren Leuten in der Praxisküche und diskutieren. oder sie lauschen meinen Geschichten über Ayur Veda und Calari, der ayurvedischen Kampfkunst. Meine anderen Reisen nach Korea oder Südafrika werden auch gern thematisiert und so geht uns der Gesprächsstoff nie aus.
Es hilft nichts. Monika muss uns verlassen. Sie lebt sich bei Gustaf schnell ein und arbeitet fast rund um die Uhr. So kann sie etwas Geld verdienen und wieder stopft sie Holgers Löcher. Als die Saison zu Ende geht, kehrt sie zurück. Allerdings bleibt sie nicht lange. Ein Freund aus Göttingen hatte mich angerufen und mir erklärt, er suche eine fähige Bürokraft. Da hatte ich natürlich etwas für ihn. Wieder packt Monika ihre Sachen und reist bald ab. Holger nimmt Monikas Abwesenheit sehr gelassen. Jetzt hat er seine Ruhe und niemand redet ihm dauernd ins Gewissen.
Monika steigt in dem großen Betrieb schnell auf. Obwohl sie jetzt viel Geld verdient, reicht es immer noch nicht aus, um alle Eskapaden, die Holger dreht, zu finanzieren. Unser Steuerberater rät ihr, eine Gütertrennung in die Wege zu leiten, um wenigstens sie bei einer eventuellen Pleite zu schützen. Monika stimmt zu.

Ich habe Holger mal wieder einen Auftrag vermacht, den er gut abarbeitet. Er hatte, bis auf einen, alle Mitarbeiter entlassen müssen und so werkeln sie nun zu zweit vor sich hin.

Ein paar Monate später habe ich in Berlin zu tun. Abends sitze ich noch auf ein Bier an der Hotelbar und komme mit einem Mann ins Gespräch, der neben mir an der Theke lehnt. Er erzählt mir, er säße im Vorstand einer großen Handelskette, die im Moment gewaltig expandiert. Überall sollen neue Läden entstehen. Immer wieder schimpft er über unfähige Handwerker, die er fast rund um die Uhr kontrollieren müsse. Ich frage ihn, was er denn für Handwerker gebrauchen könne. Er schreibt mir eine ganze Liste auf. Als ich diese durchlese, stutze ich.
Ich erzähle ihm, dass ich einen fähigen Handwerker kennen würde, der genau die Arbeiten ausführen könne, die in seinen Läden gemacht werden müssten. Er ist sehr erfreut darüber. Wir tauschen unsere Telefonnummern aus und verabschieden uns voneinander.
Sofort gebe ich Holger Bescheid. Der lässt sich die Lage des nächsten Ladens beschreiben und fährt mit seinem Mitarbeiter mehrere hundert Kilometer, um seine Arbeit zu erledigen. Nach drei Tagen sind beide wieder da und erzählen, es sei alles sehr gut gelaufen. Zwei Tage später ruft mich der Mann aus Berlin an und erklärt mir, dass er sehr enttäuscht sei. Die Zwei hätten eine sehr schlechte Arbeit abgeliefert und dadurch die anderen Handwerker zeitlich in arge Bedrängnis gebracht.

Sofort rufe ich Holger an und erzähle ihm die Geschichte. Er wiegelt ab. Nein, so schlecht sei er auch wieder nicht gewesen. Er würde sich aber mit dem Berliner in Verbindung setzen. Es hilft nichts. Holger und sein Mitarbeiter müssen ein zweites Mal zu dem Laden fahren und ihre Fehler korrigieren. Dadurch ist nicht nur der Verdienst hinüber, sondern auch alle eventuellen Folgeaufträge. Inzwischen sind fast hundert neue Läden entstanden. Holger hat sich also um eine Lebensstellung gebracht.

Da ich schon während meiner Jugendzeit den Führerschein für Motorräder gemacht und immer ein Motorrad besessen habe, fahre ich in meiner knappen Freizeit ab und zu bei gutem Wetter in der Gegend herum. Wenn mir der Wind um die Nase weht und ich den Duft der Blumen und Sträucher genießen kann, geht es mir gut. Auf dem Motorrad kann ich gut entspannen.
Clara fährt ein paar Mal mit und steckt sich ebenfalls mit dem Motorradvirus an. Ich rate ihr, den Führerschein zu machen, und schon nach ein paar Wochen fährt sie selbst mit einer kleinen Maschine durch die Gegend.
Nun kommen nach und nach auch die anderen auf den Geschmack und machen den Führerschein. Schnell haben wir einen kleinen Motorradclub beisammen und machen Ausflüge durch halb Deutschland.
Auch Holger und Monika fahren immer wieder gern mit. Monika hat einen Unfall, der sie für ein paar Wochen ans Bett fesselt. Sie ist wegen mangelnder Fahrpraxis aus der Kurve geflogen. Kaum genesen, steigt sie wieder auf und wird von Tag zu Tag eine bessere Fah-

rerin. Um nicht immer auf Monikas Sozius mitfahren zu müssen, macht auch Holger den Führerschein. Im Nachhinein stellt sich heraus, dass er besser auf Monikas Sozius geblieben wäre. Obwohl er ja immer alles im Griff hat, spürt man bei jedem Meter, den er selbst fährt, seine panische Angst.

Und wieder kommt es zum Desaster. Holger hat großzügig bei meinem Motorradhändler zwei Maschinen gekauft. Nun kann er diese nicht bezahlen. Daraufhin ruft mich der Händler an, den ich schon seit vielen Jahren gut kenne, und berichtet mir von Holgers Kauf. Da ich mit dem Händler keinen Krach haben will, übernehme ich die Rechnung. Eine Rückgabe der Maschinen lehnt Holger rundheraus ab. Er ist sich keiner Schuld bewusst und erklärt mir, der Händler solle sich nicht so anstellen. Er hätte die Motorräder in naher Zukunft schon noch bezahlt.

Monika hat ein schlechtes Gewissen mir gegenüber. Sie meint, es sei langsam an der Zeit, dass ich nach und nach das Geld wiederbekommen müsste, das ich in sie und Holger investiert hätte. Da sie viel Geld verdient, beginnt sie damit, mir jeden Monat etwas zurückzuzahlen. Holger wird von ihr solange bearbeitet, bis auch er hin wieder eine Rechnung bezahlt.

Hubertus kommt uns hin und wieder besuchen. Er quartiert sich bei Hildegund ein und nimmt an mehreren unserer Partys teil. Er ist sehr interessiert am Ayur Veda und ich muss ihm die Vorgehensweise der ayurvedischen Psychologie erklären. Er hat Sozialpädagogik studiert und vergleicht die in Deutschland übliche Schul-

psychologie mit der Chakren-Methode aus Indien. Als er den ersten Teil verstanden hat, ist er überzeugt, dass Ayur Veda auch etwas für ihn ist. Schon bei meinem nächsten Indienbesuch ist er dabei. Das Hilfsprojekt imponiert ihm und er sagt spontan seine Unterstützung zu. Da er sich in eine Frau aus der Gruppe verliebt hat und die auch in ihn, lässt er es sich nicht nehmen, sich nach hinduistischem Ritual gleich vor Ort trauen zu lassen. Wir feiern abends ein wenig und mein indischer Freund lässt sogar eine Torte kommen und serviert eisgekühlten Zitronensaft.
Hubertus ist dermaßen begeistert, dass er Michael und Dörte von seinem Ausflug und von meinen Kenntnissen berichtet. Michael ist von Hubertus´ Ausführungen sehr angetan und wird neugierig auf die ayurvedische Lebensweise. Schon wenige Tage nach diesem Gespräch ruft er mich an. Er erzählt mir, was er so tut, dass er Probleme mit seiner Lebensführung hat und Dörte herbe psychische Störungen. Er wolle gern einmal vorbeikommen, um alles mit mir zu besprechen. So machen wir einen Termin aus.
Zwei Wochen später fährt ein alter, klappriger Bus auf den Parkplatz vor der Praxis. Ein Mann in Latzhose steigt aus und kommt herein. Er stellt sich mir als Michael vor und wir setzen uns in die Küche. Er betrachtet mich von oben bis unten und scheint erstaunt über mein Aussehen zu sein.
Ein seltsamer Gestank breitet sich schnell in der Küche aus. Konnte der von Michael ausgehen? Ich kann mir das fast nicht vorstellen. So stehe ich auf und schnuppere am Abfluss der Spüle. Der Abfluss ist es nicht. Als

ich an Michael vorbeigehe, um wieder zu meinem Stuhl zu gelangen, bin ich mir sicher. Der Gestank geht wirklich von Michael aus.
Kaum sitze ich, sprudelt er auch schon los. Er erzählt mir vom Leben auf dem Bauernhof. Ohne Luxus wären dort alle sehr glücklich. Man würde sich nur mit klarem Wasser waschen, da die Benutzung von Shampoo oder Seife als dekadent verpönt sei.
Ich frage ihn, was er denn von mir will, wenn es allen auf dem Bauernhof doch so gut geht. Nach und nach kommt ans Tageslicht, dass da wohl sehr viel Selbstbetrug im Spiel ist. So glücklich scheinen die Bewohner des Hofes denn doch nicht zu sein. Eigentlich besteht der ganze Laden nur aus Konflikten. Jeder tut so, als sei alles in Ordnung, aber unter der Oberfläche brodelt es gewaltig. Angeblich sind alle gleichberechtigt und alles wird gemeinsam entschieden. Geht es aber gegen Dörtes Meinung, ist es dann mit der Gleichberechtigung schnell vorbei. Außerdem kommt deutlich heraus, dass sich die anderen auf Dauer nicht mehr gängeln lassen wollen.
Anschließend sitzt mir Dörte gegenüber. Sie erläutert mir ihre Sicht vom Leben auf dem Hof. Kannte ich einige Ereignisse schon aus Michaels Erzählungen, so stellt Dörte sie doch geringfügig anders dar. Außerdem erzählt sie mir von ihren Albträumen, von ihren Schlafstörungen und von ihren Gefühlsschwankungen.
Zum Schluss fordert sie mich auf, ihr in die Augen zu sehen. Während ich das tue, fragt sie mich, ob die ayurvedische Lebensweise beinhalten würde, dass sie mit mir ins Bett müsste. In dem Moment muss ich lachen. Sie schaut mich erstaunt an und ich erkläre ihr, dass die

ayurvedische Lebensweise schon etwas von der hiesigen abweichen würde, solche Dinge aber nicht vorkämen. Sie entgegnet, dass sie das beruhigen würde.
Danach erkläre ich ihr die weitere Vorgehensweise. Das erste Chakra beinhaltet die Materie. Sie muss also überprüfen, ob sie auf dem Sektor alles optimal erreicht hat. Sie erzählt mir, dass sie ein Psychologiestudium angefangen, aber nie Zeit gefunden hätte, es zu beenden. Obendrein wäre der Aufenthalt auf dem Bauernhof wohl doch nicht mehr das Optimale für sie.
Ich erkläre ihr, dass es im ersten Chakra auch um Eigenliebe geht. So wie sie aussieht, kann davon nicht viel übrig geblieben sein, wenn überhaupt je welche vorhanden war. Haare und Körper ungewaschen und erbärmlich stinkend und Pullover und Leggins völlig verdreckt. Da muss sie dringend etwas ändern. Ich schlage ihr vor, in naher Zukunft einen ausgedehnten Einkaufsbummel zu unternehmen, um diese Defizite auszugleichen. Da sie keine Ahnung von angemessener Kleidung hat, bittet sie mich, sie zu beraten.
Das zweite Chakra beinhaltet die Sexualität, wobei nicht die Sexualität mit einem Partner gemeint ist, sondern ausschließlich die eigene. Sie erklärt mir, dass sie sich selbst nicht anfassen würde und mit männlichen Partnern hätte sie ebenfalls enorme Schwierigkeiten. Sie hätte die Sexualität für sich schon abgehakt. Ich erkläre ihr, dass es wichtig für ihre Entwicklung sei, sich selbst zu erkunden, sich selbst kennen zu lernen, sich selbst zu entdecken.
Das dritte Chakra beinhaltet die Intelligenz, die Logik. Dörte muss sich also fragen, ob sie ihre Intelligenz wirk-

lich ausnutzt, um sich weiterzuentwickeln, oder ob sie die Logik durch ihre Gefühlsausbrüche überlagert. Wir können beide davon ausgehen, dass das bei ihr der Fall ist.

Im vierten Chakra geht es um Gefühle. Auch auf dem Gebiet hat Dörte einen großen Nachholbedarf, da sie sich meistens von ihren Gefühlen leiten lässt und damit immer wieder auf die Nase fällt. Gefühle sind notwendig, sollten aber nicht über das Leben bestimmen. Angst z. B. kann einen Menschen sehr einschränken.

Mit dem vierten Chakra beschließe ich unser erstes Gespräch und sie fahren zu ihrem Hof zurück. Ein paar Tage später meldet sich Michael und erklärt, ich hätte ihn überzeugt und er würde gern nach der ayurvedischen Lebensweise leben wollen. Er und Dörte hätten auf dem Rückweg viel über meine Ausführungen gesprochen und sie seien übereingekommen, den Weg zu wagen. Ich rate ihm, alles genau zu überdenken, da es sich um eine tief greifende Lebensveränderung handeln könnte.

Keine Woche später ruft er wieder an und erklärt mir, dass Dörte und er sich entschlossen hätten, in meine Nähe zu ziehen, da sie die ayurvedische Lebensweise als Chance sehen würden, aus ihrem Gefühlschaos herauszukommen. Sie hätten bei mir gelernt, dass es nichts bringt, sich zu verstellen und vor der Realität wegzulaufen.

Ich kann mich des Gefühls nicht erwehren, dass sie nur einen Grund zum Ausstieg aus der Hofgemeinschaft suchen. Ob sie wirklich an der ayurvedischen Lebensweise interessiert sind, bezweifele ich. Zu sehr scheinen sie in ihren Gefühlen gefangen.

Keine zwei Wochen später ziehen sie um. Zuerst mieten sie sich ein Zimmer in der Nähe und kurze Zeit später kaufen sie ein kleines Holzhaus, das ich ihnen anempfohlen hatte. Sie können sich auf diese Weise etwas Eigenes schaffen und weiterhin in der Natur wohnen, ohne aber total am Ende der Welt leben zu müssen.
Dörte hat nach unserem Einkaufsbummel ihre Garderobe komplett umgestellt und trägt nur noch Röcke und Kleider. Auch Michael passt sich an und läuft nicht mehr wie ein Dreckspatz durch die Gegend. Beide sind kaum wieder zu erkennen.
Sie nehmen regelmäßig an unseren Treffen teil und besuchen mich zwischendurch in der Praxis. Sie scheinen vom Ayur Veda gar nicht genug bekommen zu können. Jedes Wort von mir wird von ihnen aufgesogen. Sie löchern mich mit Fragen. Sie beobachten mich, wenn ich spreche, wenn ich esse oder wenn ich einfach nur im Gras liege. Ich erkläre ihnen, dass ich ihnen gern als Vorbild dienen würde, sie aber das Gelernte für sich selbst umsetzen müssen. Es geht nicht um eine Kopie von mir, sondern um ihre eigene individuelle Entwicklung.
Als der nächste Indienflug ansteht, sind auch sie dabei. Auch sie lassen sich freudig nach hinduistischem Ritual trauen und kaum sind wir wieder daheim, wollen sie standesamtlich heiraten. Ich soll Trauzeuge sein und die Party organisieren. Das tue ich natürlich gern und so feiern wir ein rauschendes Fest. Ich lasse unsere Männer im Dhoti, dem indischen Männerrock, auftreten und ein Lied singen. Diese Show kommt so gut an, dass wir nicht umhin kommen, mehrere Zugaben zu geben. Alle

lachen sich halb tot über unsere Darbietung und klatschen wie wild im Takt der Musik. Nur Jeremias, der von Michael eingeladen worden war, lacht nicht. Er beobachtet mich skeptisch und schüttelt häufig den Kopf. Wie konnte sich sein Freund Michael nur so einem Scharlatan anvertrauen und ihn, den Freund und Liebhaber aus Jugendtagen, hintanstellen? Der Hass, der mir von Jeremias entgegenschlägt, ist den ganzen Abend über zu spüren. Ich lasse mich allerdings nicht davon beeinflussen. Hier findet eine Party statt und die soll schließlich lustig sein.
Obwohl Jeremias nie ein Wort mit mir gesprochen hat – bis heute nicht – hasst er mich. Ich habe ihm seinen Michael weggenommen und das wird er mir niemals verzeihen. Dass Michael freiwillig gekommen ist, dass ich ihn zu wirklich nichts zwingen musste, sieht er bis heute nicht ein. Ich bin Schuld und basta.

Monika, Dörte und die anderen Frauen entwickeln sich prächtig. Sie laufen nur noch in Röcken, Kleidern oder Kostümen herum und fangen an, ihre Weiblichkeit nicht mehr als Nachteil, als Makel, sondern als Vorteil zu sehen. Sie entdecken sich selbst und tun plötzlich all das, wovon sie zwar immer schon heimlich geträumt, es sich aber niemals erlaubt hatten. Sie entdecken ihre Sexualität und ab und zu muss ich besonders Dörte und Monika bremsen. Dass sie im Rock oder Kleid Motorrad fahren, ist akzeptabel. Als aber Monika anfängt, ohne Rock Motorrad zu fahren, um, wie sie sagt, anderen Frauen ihre Weiblichkeit zu zeigen, mahne ich erheblich zur Vorsicht. Ich erkläre den Frauen, dass es nicht ange-

bracht sei, von einem Extrem ins andere zu verfallen und sich nur über die Geschlechtsorgane zu definieren.
Auch die Männer kommen aus ihren Schneckenhäusern heraus und gehen, wie die Frauen, jeweils einer guten Arbeit nach oder machen eine Ausbildung, mit der sie auch in der Zukunft etwas anfangen können.
Monika will gern eine Zusatzausbildung machen. Ich unterstütze sie dabei nach Kräften. Leider ist alle Mühe umsonst. Monika fällt dreimal durch die Prüfung. Sie kann sich einfach nicht konzentrieren. Immer wieder hat sie Holgers finanzielle Eskapaden im Kopf. Zum wiederholten Mal hat er Rechnungen versteckt, lügt wie gedruckt und traut sich nach wie vor nicht, seine Forderungen einzutreiben. Eine Scheidung steht kurz bevor, die er nur durch ein Besserungsversprechen abwenden kann.
Dörtes Leben läuft nun in geregelten Bahnen. Sie hatte mich um Hilfe gebeten und so haben wir gemeinsam ihren Arbeitsalltag durchorganisiert. Sie schläft nun nicht mehr bis zehn, sondern steht um sieben Uhr auf, fertigt morgens ihre Statistiken an und hat dadurch nachmittags Zeit genug, um ihr Studium voranzutreiben.
Michael macht eine Ausbildung zum Krankenpfleger. Den Beruf hatte ich ihm vorgeschlagen. Dadurch kann er Menschen helfen, die wirklich Hilfe benötigen. Anfangs ist er sehr skeptisch. Er, als Narzist und Kämpfer gegen alles Böse, kommt nun wirklich einmal mit echtem Elend in Berührung.
Im Laufe der Zeit haben sich alle etabliert. Jedes Paar besitzt ein eigenes Haus, zwei Autos der gehobenen

Klasse und Motorräder, um auch die Freizeit genießen zu können.

Monika lässt nicht locker und so setzen wir uns eines Abends in unser Kaminzimmer und sprechen über die Rückzahlungen meiner Auslagen. Ich bin selbst erstaunt, wie viel Geld ich im Laufe der Jahre investiert habe. Natürlich haben alle ein Startpaket bekommen und hier und da habe ich zu einem Auto, einem Motorrad, der Garderobe etwas dazugegeben oder auch mal komplett finanziert. Ich habe günstige Kredite vermittelt und dafür gesorgt, dass sie ihre Häuser, Autos und Motorräder zu einem erschwinglichen Preis erstehen konnten. Als dann aber die einzelnen Abschlusssummen feststehen, bin ich über die Höhe überrascht.
Da alle gut verdienen, die vollen Summen aber nicht auf einmal zurückzahlen können, kommen wir gemeinsam überein, zinslose Ratenverträge abzuschließen. Ich konsultiere meinen Steuerberater und der fertigt einen Mustervertrag an, den wir individuell gestalten können. Alle sind damit einverstanden. Ich rechne die Summen zu ihren Gunsten herunter und schlage Rückzahlungszeiträume von fünf, zehn oder fünfzehn Jahren vor. So hat jeder die Chance, nach seinen finanziellen Möglichkeiten zu tilgen. Alle unterschreiben und ich erkläre ihnen, dass jeder einmal in Bedrängnis kommen könne, dass man mich dann bitte informieren solle, und wenn eine Zahlung einmal nicht geleistet werden könne, dass das kein Problem für mich sei. Besser das Geld fließt in kleinen Raten zu mir zurück, als gar nicht.

Leider ist es dann die Initiatorin, die als erste nicht mehr zahlen kann. Monika schafft es einfach nicht, Holgers Minus, dass er dauernd einfährt, auszugleichen. Das führt dazu, dass die beiden mit ihrem Ratenplan hoffnungslos in Verzug geraten. Ich erkläre ihnen, das sei nicht weiter schlimm und biete an, die Raten zu verkleinern und damit die Laufzeit zu verlängern. Während Holger sofort zustimmt, ist Monika dagegen. Ich hätte so viel für sie getan, sie, wie sie selbst es immer nennt, aus der Scheiße gezogen, als erster Mensch überhaupt an sie geglaubt und sie nie im Stich gelassen. Und nun wolle sie mir auch schnellstens mein Geld zurückgeben. Sie will sogar ihr Auto und ihr Motorrad verkaufen, um mich bezahlen zu können. Ich rate ihr davon ab. Irgendwann würden bestimmt wieder bessere Zeiten anbrechen und dann könne sie mir das Geld immer noch geben.
Während Holger fast nie irgendetwas zahlt, stottert Monika in winzigen Raten etwas ab. Kaum hat sie mir etwas zurückgegeben, muss ich auch schon wieder einspringen, um Holgers Laden am Laufen zu halten. Es ist manchmal kaum auszuhalten mit ihm. Er bekommt sein Geschäft nicht in den Griff, macht einen Fehler nach dem anderen und immer haben andere Schuld. Wäre Monika nicht gewesen, hätten sowohl unser Steuerberater als auch ich endgültig die Segel gestrichen und jede Unterstützung eingestellt.
Eines Tages verkauft sie wirklich ihr Motorrad, aber nicht um mir Geld zu geben, sondern um ein paar Rechnungen bezahlen zu können. Holger hat mal wieder Material gekauft, ohne es bezahlen zu können. Einige

Lieferanten sind inzwischen dazu übergegangen, ihm nur Material gegen Barzahlung auszuhändigen.
Da mir Monika Leid tut, kaufe ich einen Motorroller.
„Du kannst damit fahren. Allerdings musst du Steuer und Versicherung übernehmen. Den Fahrzeug-Brief behalte ich ein. Man weiß ja nie, was Holger so im Schilde führt."
Nachdem der Roller zugelassen worden war, überreiche ich ihr den Fahrzeugschein. Sie freut sich unglaublich, fährt allerdings selten damit, da sie kein Geld fürs Benzin hat.

Eines Tages kommt Dörte auf mich zu.
„Meinst du nicht, dass es an der Zeit ist, dass du dein unglaubliches Wissen mal aufschreibst? Es wäre doch schön, wenn alle Interessierten ein Buch in den Händen halten könnten, indem sie Problemlösungen für alle Lebenslagen finden können."
Da ich vor vielen Jahren auch schon auf diese Idee gekommen war, hole ich meine Aufzeichnungen hervor, bringe diese in eine, auch für Laien, verständliche Form, schreibe auf, was aus dem Ayurvedischen wichtig sein könnte und übergebe Dörte ein paar Wochen später das fertige Manuskript.
„Das sieht gut aus. Ich werde es lesen und es dann einem Verlag vorstellen."
Schon nach ein paar Tagen erklärt sie mir, dass sie einen Verlag gefunden hätte. Allerdings würde die Umschlaggrafik fehlen.
Da ich schon immer gern mit dem Computer gezeichnet habe, kaufe ich mir ein sehr teures Grafikprogramm. Es

dauert eine Weile, bis ich die einzelnen Schritte zur fertigen Grafik begriffen habe, aber danach sieht alles sehr passabel aus. Auch Dörte ist zufrieden und schickt die Grafik als Datei an den Verlag. Postwendend erhält sie einen Anruf. Man teilt ihr mit, dass die Grafik von der Auflösung her nicht in Ordnung sei. So eine schlecht aufgelöste Grafik könne man nicht drucken. Man schlägt ihr vor, den Umschlag vom Verlag gestalten zu lassen, was aber einen erheblichen Aufpreis nach sich ziehen würde. Als sie mir davon erzählt, kann ich es gar nicht glauben. Die Umschlagdatei ist von mir in gewünschter Größe und im gewünschten Format hergestellt worden. Wo liegt also das Problem?
Ich überprüfe alles noch einmal und komme zu dem Schluss, dass der Fehler nicht bei mir liegen kann. Ich brenne die Datei auf eine CD und übergebe sie Dörte. Die öffnet die Datei und stellt fest, dass die gewünschte Größe nicht erreicht wurde. Auf dem Weg von mir zu ihr müssen also viele Pixel verloren gegangen sein. Sie ruft einen Bekannten an, der sich mit Computern auskennt, und erklärt ihm das Problem. Der Mann erzählt ihr, dass es Pixelverluste normalerweise nicht gibt und somit der Fehler eindeutig bei mir liegen müsse. Daraufhin überprüfe ich zum dritten Mal meine Dateien, kann aber auch diesmal keinen Fehler feststellen. Das Problem wird nicht gelöst und sie lässt das Buch trotzdem drucken. Der Umschlag ist nicht gerade miserabel, aber nicht weit davon entfernt.
Erst nach einigen Monaten komme ich dahinter, wo die Pixel bleiben. Monika gibt zwar vor, Ahnung von Computern zu haben, hat aber dann doch hier und da große

Wissenslücken. Sie öffnet die Grafiken mit einem falschen Programm und verliert dadurch einen Teil der Auflösung und Größe.
Nun bin ich auf den Geschmack gekommen und mache auch aus meinen Gedichten, die ich schon mein Leben lang immer mal wieder geschrieben habe, ein Buch.

Dörte und die anderen Frauen fassen so viel Vertrauen zu mir, dass sie sich in meiner Nähe sicher fühlen. Nach und nach kommt ihnen der Dauerstress, den sie durch ihren, in ihrer Kindheit erlebten sexuellen Missbrauch, immer bei sich trugen, abhanden. Das schafft die Grundlage, um sich an Einzelheiten der Übergriffe zu erinnern.
Dörte, die sich an Vieles schon erinnert hatte, erzählt nun von Begebenheiten, die uns den Atem stocken lässt.
„Anfangs wurde ich von meinen Eltern missbraucht, später von Bekannten meiner Eltern. Dabei ist dann auch schon das erste Geld geflossen und hat meine Eltern wohl auf die Idee gebracht, jetzt richtig abzukassieren. Deshalb wurde ich an Kinderschänderbanden vermietet. Diese Leute haben mich gequält, vergewaltigt und gefesselt. Obendrein musste ich mitansehen, wie die mit anderen Mädchen meines Alters umgesprungen sind."
Natürlich hatte ich schon in meiner Jugend erfahren müssen, dass die meisten Menschen wegsehen und sich taub stellen. Wie war es möglich, dass so viele Täter und Täterinnen involviert waren, ohne dass etwas nach außen dringen konnte?
„Alle Eingeweihten haben eine enorme Angst. Wenn einer plaudert, wird ihm bei lebendigem Leibe die Haut

abgezogen. Anschließend wird der irgendwo in einem Moor versenkt. Dabei müssen zur Abschreckung alle zuschauen.
Das sind keine armen Leute. Die haben alle Geld ohne Ende und einen enormen Einfluss. Ich habe Priester, Richter, Anwälte, Geschäftsleute, Politiker und Polizisten kennen gelernt, die mitmachten oder unterstützten. Die decken sich alle gegenseitig und vertuschen ihre Taten."

Es bringt den Frauen Erleichterung, wenn sie ihre Erlebnisse, die über Jahrzehnte verdrängt, verschüttet waren, endlich aufarbeiten können. Nach und nach keimt in uns der Gedanke, etwas gegen diese organisierte Kinderschänderei zu unternehmen.
„Du könntest doch mithilfe von Fallbeispielen deine ayurvedische Vorgehensweise erklären und auf diese Weise Opfern Hilfe anbieten. Obendrein könntest du Strafverfolgern einen Leitfaden an die Hand geben."

Da unsere Selbsthilfegruppe immer mehr anwächst, ist es kaum noch möglich, alle Personen gleichzeitig in ein Wohnzimmer zu bekommen. Anfangs treffen wir uns einmal in der Woche in einem Restaurant zum Essen. Leider müssen wir im Laufe der Zeit mehrfach feststellen, dass wir mit Argwohn beäugt werden. In zwei Restaurants macht man uns durch die Blume klar, dass man unsere Gruppe als Sekte einstuft und wir deshalb nicht gern gesehen wären. Alle Erklärungen helfen nichts. Wir sind und bleiben abgestempelt.

Da wir nicht immer nur reden, sondern auch ab und zu feiern wollen, suchen wir einen Raum, in dem wir alle Platz haben und ungestört sein können. Um endlich voranzukommen, rufe ich einen Makler an. Der erklärt mir, dass es ein Partyhäuschen gibt, das unseren Erwartungen entspricht. Wir sollen uns das doch einfach mal anschauen. Der Makler vereinbart einen Termin mit der Besitzerin und wir fahren hin.

Das Partyhaus existiert wirklich. Allerdings handelt es sich nur um einen kleinen Teil eines großen Gebäudekomplexes. Da wir schon mal da sind, besichtigen wir alle Räume und mir kommt eine Idee. Haben nicht unsere Frauen, die als Kinder sexuell missbraucht worden waren, auch heute noch Angst vor den Tätern. Und können sich unsere Transsexuellen und Lesben wirklich ausleben? Wäre dieser Gebäudekomplex etwas für uns?

Nach der Besichtigung treffen wir uns in einem Restaurant, in dem wir nach wie vor gern gesehene Gäste sind, und ich erläutere meine Idee. Die eine ist erstaunt, die zweite begeistert und der dritte macht schon Umbaupläne.

Um uns einen wirklichen Überblick verschaffen zu können, unternehmen wir eine zweite Begehung. Wir müssen mehrmals durch die Räume schlendern, um die Zusammenhänge zu begreifen. Das Haus ist riesig und sehr verschachtelt. Wenn wir alle mit anpacken, können in den Gebäuden problemlos mehrere separate Wohnungen entstehen.

Mareike, die schon vor vielen Jahren, aufgrund ihrer Missbrauchserfahrungen, zu mir gekommen ist, ist durch und durch lesbisch. Sie verliebt sich in Monika, trennt sich aber alsbald wieder von ihr, weil die ihr oft zu lieblos und herrisch erscheint. Anschließend unterhält sie lange Zeit eine Verbindung zu einer anderen Frau aus unserer Gruppe. Die Liebe ist so groß, dass sogar an eine Heirat gedacht wird.
Leider gibt Mareike diese sehr innige Verbindung nach wenigen Monaten wieder auf und heiratet einen Mann, den sie noch aus der Schulzeit kennt. Wir sind alle ratlos. Warum tut sie so etwas? Im Laufe vieler Gespräche komme ich dahinter, dass sie zwar lesbisch ist, ihrem Vater, dem Täter, aber mit einer Frau nicht imponieren kann. Sie will ihn eifersüchtig machen. Sie ist also eine Prinzessin. Sie wurde zwar sexuell missbraucht, hat das aber stets mit Zuneigung und Liebe verwechselt. Ich kann ihr klarmachen, dass ein Vater, der seine Tochter liebt, diese niemals vergewaltigen würde. Leider stürzt sie emotional immer wieder in ihre verklärte Vergangenheit zurück.
Als sich in ihrer Gegenwart immer mehr Opfer an selbst erlebte Übergriffe erinnern, kommen auch bei ihr lange verdrängte Bilder hoch. Nachdem sie das volle Ausmaß rekonstruiert hat, ist sie total böse auf ihren Vater. Wie konnte ihr liebender Vater so etwas tun?
Sie bricht den Kontakt zu ihrem Vater ab und wird zunehmend ruhiger.
„Du kannst dir gar nicht vorstellen, wie dankbar ich dir bin. Du hast mir die Augen geöffnet und dadurch auch meine kleine Tochter Janina gerettet. Wer weiß schon,

was mein Vater auch mit der angestellt hätte, hätte er sie in die Finger gekriegt?"
Nach einigen Wochen kann sie sogar ihre Psychopharmaka absetzen, die sie, wie sie mir erzählt, viele Jahre hatte nehmen müssen, um nicht komplett durchzudrehen. Ihr Vertrauen zu mir ist inzwischen so groß, dass sie mir Fotos von sich zeigt, die sie heimlich aus dem Haus ihres Vaters geholt hatte. Mareika am Strand, Mareike im Badezimmer, Mareike im Bett, Mareike im Garten – nackt und in eindeutiger Pose.

Ich schlage vor, zur Polizei zu gehen, um dem schlimmen Treiben Einhalt zu gebieten. Ein paar Frauen sind sofort dabei – auch Mareike. So fahre ich mit ihr in die Großstadt zur Kripo. Dort sitzt uns eine Beamtin gegenüber und lauscht interessiert Mareikes Ausführungen. Leider ist sie weder in der Lage mit zehn Fingern zu schreiben, noch ihren Computer zu bedienen. Die Beamtin macht so viele Fehler, dass Mareike mehrmals aufstehen und gehen will. Die Sitzung dauert Stunden und Mareike ist anschließend völlig fertig.
Schon auf dem Rückweg hat sie ein schlechtes Gewissen und Angst. Waren die Übergriffe wirklich so schlimm gewesen? Hätte ihr Vater ihre Tochter wirklich angefasst? War es nicht ihr Vater gewesen, der sie immer in den Schlaf gewiegt hatte, während ihre Mutter vor dem Fernseher saß? Und was würde passieren, wenn ihr Vater von der Anzeige Wind bekam? Würde er sie dann nicht mehr lieben? Würde er sie dann vielleicht sogar enterben?

Ich muss ihr immer wieder vor Augen führen, dass sie das Richtige getan hat. Einem Täter muss Einhalt geboten werden. Jeder der wegschaut, macht sich strafbar, wird zum Komplizen, zum Täterschützer. Auch Dörte und Hildegund sprechen mit ihr und überzeugen sie davon, dass es notwendig war, den Täter anzuzeigen.

Mareike wird schwanger.
„Würdest du mir bitte helfen? Würdest du bitte bei der Geburt meines Kindes dabei sein? Du warst doch in Afrika und hast die Geburtsmethode der zwei Bäume gesehen. Ich will keine Schmerzen mehr haben, wie bei Janinas Geburt."
Ich erkläre mich dazu bereit und sie hält sich an jeden Hinweis, den ich ihr gebe. Bei der Geburt bin ich dabei und kann ihr zu einer fast schmerzfreien Niederkunft verhelfen. Sie ist sehr dankbar und bittet mich, die Patenschaft für ihr Kind zu übernehmen. Ich stimme zu und bin bei der Taufe anwesend. Ihr Ehemann ist seit der Geburt sehr zurückhaltend geworden. Ich werde das Gefühl nicht los, dass er eifersüchtig ist, da ich seine Frau während der Geburt im Arm gehalten habe und nicht er. Was hätte er auch tun können? Er kennt die verschiedenen Griffe nicht, die notwendig sind, um eine Frau zu unterstützen.

Die Pläne für den Kauf des großen Gebäudekomplexes nehmen konkrete Formen an. In diesem Haus könnte ein wahres Paradies entstehen. Zur Straße hin stehen die Gebäude und verbergen das riesige Grundstück dahinter total. Gaffer und Täter wären auf diese Weise ausge-

schlossen. Die Bewohner könnten sich auf dem Hof hinter dem Haus frei bewegen. Die Lesben und Transsexuellen sind sofort begeistert. Endlich ein Refugium ohne Präsentiertellercharakter. Man träumt schon von sonnigen Nachmittagen auf der Terrasse, vom ungestörten Bummel durch den großen Garten, vom Sitzen am kleinen Bächlein, das am hinteren Ende des Grundstücks friedlich vor sich hin murmelt.
Obwohl sich Gebäude und Grundstück in einem miserablen Zustand befinden und somit viel Um- und Aufbauarbeit winkt, wollen alle am liebsten sofort einziehen. Mareike und ihr Ehemann erklären sich bereit, das Haus zu kaufen. Es soll umgebaut und die einzelnen Wohnungen danach an die Gruppenmitglieder weiterverkauft werden. Wer nicht sofort kaufen kann, kann zuerst einmal mieten. Schließlich müssen die Häuser der Gruppenmitglieder zuerst verkauft werden, um die Wohnungen finanzieren zu können.
Obwohl ich Bedenken hege, wird Holger zum Bauleiter ernannt. Anfangs macht er seine Sache noch gut, später pfuscht er immer mehr. Er kann alles, weiß alles und baut einen Mist nach dem anderen. Es bleibt nicht aus, dass externe Firmen geholt werden müssen, weil Holger weder von Elektrik noch vom Heizungsbau eine Ahnung hat.
Die Umbauphase nimmt alle Kapazitäten der Gruppenmitglieder in Anspruch. Von morgens bis abends wird gemauert, tapeziert, hingeräumt, hergeräumt, gewischt, geputzt und Teppich verlegt. Aus Tagen werden Wochen und aus Wochen Monate. Ich kümmere mich um die Außenanlagen, säge Bäume ab, säe Rasen ein,

beaufsichtige den Bau eines Parkplatzes, baue einen Schuppen für die Motorräder und ein Baumhaus für die Kinder.
Abends treffen wir uns im Partyraum und diskutieren über den Fortgang der Bauarbeiten. Es gibt hin und wieder Ärger, aber auch immer wieder viel Spaß. Silvester wird zum ersten Mal vor Ort gefeiert. Der Partyraum ist zwar sehr kalt, da die Heizung noch nicht angeschlossen ist, aber mit vielen Decken ausgerüstet und ein paar Radiatoren geht es ganz gut. Wir lassen uns doch durch das bisschen Frost das Singen nicht verbieten!

Zwischendurch erhalten wir zwei schlechte Nachrichten. Die Kripo hat geschrieben und mitgeteilt, dass das Verfahren gegen Mareikes Vater wegen Verjährung eingestellt wurde. Er hätte seine Tochter zwar sexuell missbraucht, ihr aber sonst keine Gewalt angetan. Alle sind empört, aber Mareike kann sich nicht dazu entschließen, gegen die Verfahrenseinstellung vorzugehen.
Die zweite Botschaft betrifft mal wieder Holger. Wieder und wieder hat er Rechnungen und Mahnungen ungeöffnet in einer Schublade verschwinden lassen und niemals Rechnungen geschrieben. Jetzt soll sein Haus von der Bank versteigert werden. Monika ist mal wieder völlig am Ende.
Erst durch Druck von Monika schreibt er eine Rechnung für die Umbauarbeiten am Gruppenhaus. Leider kann er damit allein seine Schulden nicht tilgen und den Verkauf seines Hauses abwenden.
Ich spreche mit einer Freundin, die über etwas Geld verfügt und bitte sie, Holgers Haus zu kaufen und an ihn

zu vermieten. Sie stimmt zu, nimmt einen Kredit auf, da ihr Geld nicht ganz reicht, besteht aber darauf, den Mietvertrag ausschließlich mit Monika abzuschließen. Auf diese Weise kann die Zwangsversteigerung abgewendet werden und Monika fällt ein Stein vom Herzen.

Endlich ist das große Haus bezugsfertig und nach und nach ziehen die Leute ein. Allerdings werden wir von den Nachbarn mit viel Skepsis betrachtet. Was sind das für Leute? Ist das vielleicht doch eine Sekte oder vielleicht sogar ein Bordell? Was ist das für ein Turm im Garten? Ein Baumhaus für die Kinder oder eine Kanzel von der aus van Herste zu seinen Jüngerinnen predigen kann? Die Gerüchteküche brodelt, aber niemand traut sich, uns direkt anzusprechen.
Nach einer Welle des Einrichtens kehrt langsam Ruhe ein. Obwohl jede Wohnung über einen eigenen Eingang verfügt, jede Wohnung separat liegt, ist man nicht wirklich allein. Man kann sich jederzeit treffen und ein Gefühl der Sicherheit, der Geborgenheit breitet sich aus. Ein Rückzug ohne Isolation ist möglich.
Sowohl Lesben, als auch Transsexuelle fühlen sich nun sicher. Sie begreifen langsam, dass sie sich überall frei und ungezwungen bewegen können. Die Missbrauchsopfer gewöhnen sich ebenfalls an die Abschottung und kommen immer mehr aus sich heraus.
Als ein ehemaliger Täter auftaucht, wahrscheinlich um sein Opfer unter Druck zu setzen, kommt es nicht zum Kontakt. Das Haus ist dermaßen unübersichtlich, dass er frustriert wieder abzieht. Diese Episode überzeugt auch

das letzte Opfer und eine Art heitere Gelassenheit zieht in das Haus ein.

Dörte und Michael haben ihr kleines Haus verkauft und sind mit eingezogen. Sie leben weiterhin gut von ihren Statistiken und haben vor, einen eigenen Verlag zu gründen, um mit meinen Büchern Geld zu verdienen. Auch bei anderen Autoren mache ich Reklame für den neuen Verlag. Nun können wir unsere Bücher so auf den Markt bringen, wie wir es wollen und müssen keine Rücksicht auf irgendwelche Verlagsleute nehmen, die z. B. vom Ayur Veda keine Ahnung haben.
Aller Anfang ist schwer und so machen Dörte und Michael ein paar kostspielige Fehler. Da sie aber mit Elan an die Sache herangehen, unterstütze ich sie nach Kräften. Die Umschlaggestaltung und die Werbung übernehme ich. Ich schaffe mir dafür sogar extra einen großen Laser-Drucker und eine Faltmaschine an, um die vielen Prospekte und Flyer schnell und günstig herstellen zu können.
Ich rate den beiden Jungverlegern zu Kleinauflagen, um erst einmal zu testen, ob und wie die Bücher am Markt ankommen.
„Kleinauflagen? Niemals! Damit kann man kein Geld verdienen. Wir müssen klotzen und nicht kleckern."
Ich bin skeptisch, stecke aber immer wieder Geld hinein und besorge den beiden einen zinsgünstigen Bankkredit, um den Laden in Schwung zu bringen.

Kaum ist die eine Baustelle abgehakt, tut sich eine neue auf. Holger kommt wieder einmal dermaßen ins Schlingern, dass Monika und er die Miete für ihr ehemaliges Haus nicht mehr aufbringen können. Unsere Freundin ist sehr nachsichtig, benötigt allerdings das Geld, um das Haus abzuzahlen.
Da jede Warnung ignoriert wird, kündigt sie den Mietvertrag. Sie will das Haus ausbauen und an solvente Mieter weiterreichen. Da sie mehr als ein halbes Jahr lang keinen Pfennig bekommen hat, muss sie die beiden vor die Tür setzen.
Monika redet mit Mareike und diese erklärt sich bereit, ihr den nicht ausgebauten Dachboden des großen Hauses zu verkaufen. Mithilfe eines Darlehns von der Bank und der Unterstützung durch Monikas Eltern kann dieses Unterfangen in Angriff genommen werden.
Unsere Freundin ist total sauer, da Holger und Monika eine halbe Ruine hinterlassen und die Reparaturen, die im Tausch für den Mietausfall ausgehandelt worden waren, nur sehr mangelhaft oder gar nicht ausgeführt haben. Unsere Freundin muss eine erhebliche Summe aufwenden, um das Haus wieder in einen vermietbaren Zustand zu versetzen. Holger kümmert das nicht so sehr. Er ist umgezogen und so geht ihn sein altes Haus nichts mehr an.

Da es bisher jetzt kein mir bekanntes Buch über das Borderline-Syndrom – so nennt man die Folgen von sexuellem Kindesmissbrauch und nicht ausgelebter Homo- und Transsexualität – gibt, das auch von Laien verstanden werden kann, entschließe ich mich dazu, eines zu

schreiben. Sowohl meine Gedichte, als auch mein Ayur-Veda-Buch sind bereits erschienen.
Das Borderline-Buch sorgt für erste Schlagzeilen und wird sogar mehrfach verkauft. Vielleicht hat Dörte ja doch Recht. Eine Kleinauflage hätte in diesem Fall nicht ausgereicht.
Wieder stecke ich viel Geld in Messeauftritte und Werbung. Es scheint zu funktionieren und so schreibe ich gleich das nächste Buch über Täterinnen und Mittäterinnen im Bereich sexueller Kindesmissbrauch. Auch dieses Buch sorgt für Schlagzeilen und verkauft sich.
Nach und nach entstehen die Bücher der anderen Autoren und gehen in den Verkauf. Das eine verkauft sich ansehnlich, das andere fast gar nicht. Der Lagerraum füllt sich immer mehr und wieder kommen mir Bedenken. Muss wirklich von jedem Buch eine so große Auflage gedruckt werden? Im Lager liegt viel totes Kapital herum, das dem Verlag an anderer Stelle dringend fehlt. Leider ist Dörte immer noch nicht davon zu überzeugen, dass eine Kleinauflage besser ins Konzept passen würde.

Ich stelle fest, dass dauernd Geld fehlt. Hier muss noch ein Druck bezahlt werden und dort eine Handyrechnung. Außerdem fangen Dörte und Michael an, mit Kreditkarten herum zu jonglieren. Ist die eine ausgeschöpft, wird eine andere beantragt. Mit dem Geld der zweiten Karte, wird dann die erste abgelöst. Ich melde wiederholt Bedenken an, werde aber mit den Worten „wir haben alles im Griff" oder „alles im grünen Bereich" abgespeist. Diese Sätze kommen mir doch sehr bekannt vor. Okay, denke ich, ist ja nicht mein Verlag.

Als nächstes schreibe ich ein Buch über den Werdegang einer Transsexuellen, in dem ich obendrein Verhaltenstipps gebe. Dieses Buch wird unser Renner. Presse, Funk und Fernsehen werden auf uns aufmerksam und wir geben viele Interviews und drehen mehrere Kurzdokumentationen über Transsexualität und Opfer sexuellen Kindesmissbrauchs.
Mehrmals weise ich die Reporter und Redakteure darauf hin, dass ich nach deutschem Recht kein Psychologe bin und auch bitte nicht so genannt werden möchte. Meine Ausbildung unterscheidet sich erheblich von der eines Psychologen und ich möchte mit Psychologen auch nicht in einen Topf geworfen werden.
Leider halten sich viele Medienvertreter nicht an meine Vorgabe. Später stelle ich für mich sogar einen Vordruck her, aus dem klar hervorgeht, dass ich kein Psychologe bin und auch nicht so betitelt werden möchte. Sie unterschreiben alle, aber viele halten sich trotzdem nicht daran.
Eines Tages spricht Dörte mich darauf an.
„Ich finde es schade, dass man dich nicht als Psychologen bezeichnen darf, obwohl du eine solche Ausbildung gemacht hast."
„Ja, aber in Indien. Das wird hier nicht anerkannt."
„Schade. Dein Wissen hat mir sehr geholfen. Du hast mir Zusammenhänge erklärt, von denen in meinem Psychologiestudium nie die Rede war. Ich hätte nicht für möglich gehalten, dass nicht ausgelebte Homo- oder Trans-

sexualität und sexueller Kindesmissbrauch so viele Folgestörungen auslösen können."
Immer wieder schickt Dörte große Pakete des TS-Buches an den Handel und darüber freuen wir uns natürlich alle sehr. Wir können einerseits Betroffenen helfen und andererseits etwas Geld hereinholen. Dieses Buch scheint zumindest – aus meiner Sicht – die finanzielle Lage des Verlages etwas zu entspannen.

Da ich nur abends und am Wochenende für den Verlag arbeiten kann, die Gruppe wächst und wächst, immer wieder Gespräche anstehen, nach vielen Jahren der Arbeit meine Knochen wehtun und mir langsam die Dreifachbelastung zu viel wird, übertrage ich die Praxis auf meine Frau und arbeite nur noch an zwei Tagen in der Woche in der Praxis.
So kann ich einerseits nach wie vor die „schweren Fälle" abdecken, andererseits mich besser um Hilfe suchende Opfer und Betroffene kümmern. Da sich sowieso alle kennen und viele Transsexuelle und Lesben ebenfalls Opfer sexuellen Kindesmissbrauchs sind, schlage ich vor, die einzelnen Selbsthilfegruppen zusammenzulegen. So kann ich die Gruppenhilfe straffen, ohne dass jemand zu kurz kommt und obendrein habe ich etwas mehr Zeit für die Verlagsarbeit. Mehrere Lektoren haben ein paar Bücher buchstäblich kaputtlektoriert und Fehler eingebaut, die zuvor nicht drin waren. Also lese ich bereits lektorierte Bücher erneut Korrektur.

Da das Anmieten eines Messestandes von der Messegesellschaft sehr teuer ist, erklärt sich die Autorin Margaretha Main bereit, einen Stand zu kaufen und an den Verlag weiter zu vermieten. Monikas Eltern besitzen einen solchen Stand, nutzen denselben aber nicht mehr. Sie schenken ihn Monika, die ihn an Retha weiterverkauft. Der muss zwar noch gestrichen werden, ist aber sonst in einem guten Zustand.
Durch unsere Themenauswahl und unsere Medienbekanntheit wird auch die nächste Buchmesse ein voller Erfolg. Wir sind die einzigen, die sich an Themen wie sexueller Kindesmissbrauch, Trans- und Homosexualität und ihre Folgen offen herantrauen. Teilweise bringen wir die Messe zum Stillstand, da sich vor unserem Stand hunderte von Menschen ballen und gespannt unseren Vorträgen lauschen. Sogar ein paar Prominente lassen es sich nicht nehmen, uns zuzuschauen oder sogar nach den Vorträgen mitzudiskutieren. Anschließend gehen erneut viele Pakete an den Handel.

Eines Tages treffe ich den Arzt, den ich vor ein paar Jahren mit Holger bekannt gemacht hatte, beim Mercedes-Händler. Er ist ganz erstaunt, mich dort zu sehen, und als ich ihm erzähle, dass ich schon lange Kunde bei diesem Händler bin, bemerke ich, dass ihm das nicht passt. Von dem Augenblick an ist er zu einer Zusammenarbeit mit mir nicht mehr bereit und ich erfahre von gemeinsamen Patienten, dass es mir, als Nichtarzt, nicht zustehen würde, ebenfalls einen Mercedes zu fahren. Plötzlich erzählt er überall herum, ich würde mit meinem Voodoo aus Indien die Patienten verhexen. Dass in In-

dien gar kein Voodoo praktiziert wird, scheint ihn nicht zu stören. Außerdem sei ich ein Sektenführer, der Frauen um sich schart und diese zwingt, Miniröcke zu tragen. Der völlig unbegründete Neid scheint seine Gedanken zu vernebeln.
Als ich Monika, Dörte und den anderen davon erzähle, gehen die auf die Barrikaden. Wie kann der so was behaupten? Das ist ja Rufschädigung, Verleumdung! Ich hätte so vielen Menschen geholfen und könne es vom Wissen her mit jedem Arzt aufnehmen.
Ein paar Wochen später kommt ein Ehepaar in meine Praxis. Ich weiß, dass die beiden Patienten des oben genannten Arztes sind. Sie fragen mich um Rat. Ihr kleiner Sohn hätte das Zappel-Phillip-Syndrom und sie wüssten nicht mehr ein und aus. Die Ärzte würden das Kind nur mit Drogen ruhig stellen, ohne nach den Ursachen zu forschen. Ich solle nun helfen.
Ich erkläre, dass es mehrere Möglichkeiten als Ursache gibt. Natürlich komme ich auch auf das Thema „sexueller Kindesmissbrauch“ zu sprechen. Beide sind äußerst interessiert und nehmen sich sogar eines meiner Bücher mit. Danach verabschieden sie sich freundlich. Sie hätten gute Tipps von mir bekommen.

Wenige Wochen später halte ich in der nahen Realschule einen Vortrag zu den Themen sexueller Kindesmissbrauch und Trans- und Homosexualität und die Stellung Betroffener in unserer Gesellschaft. Die Jugendlichen sind sehr interessiert und wollen mich gar nicht gehen lassen, als die Stunde herum ist. Ich muss mich sogar mit der Klasse fotografieren lassen, weil die Schüler ein Er-

innerungsfoto mit mir haben wollen. Ich freue mich über die positive Resonanz natürlich sehr.
Die Lehrerin berichtet mir später.
„Also, Herr van Herste, da haben Sie aber einen Volltreffer gelandet. Die Kinder waren total begeistert und haben ihren Vortrag noch nach Tagen in der Pausenhalle diskutiert. Auch das Foto mit Ihnen haben die sofort im Klassenzimmer aufgehängt und es stolz einigen Mitschülern aus anderen Klassen gezeigt. Auch den Artikel in einer Jugendzeitschrift, an dem Sie mitgewirkt haben und in der sie abgebildet sind, hängt inzwischen daneben.
Leider habe ich von einigen Eltern keine positive Rückmeldung erhalten. Sie haben mich gefragt, wie ich es erlauben könne, dass jemand, wie Sie, einen Vortrag über solche schmutzigen Themen vor ihren Kindern halten dürfte. Sie würden die Kinder verderben oder ihnen einen Floh ins Ohr setzen. Ruckzuck sei es passiert und alle Mädchen seien plötzlich lesbisch oder die Jungs würden in Minikleidern herumlaufen.
Ich habe Ihnen klargemacht, dass das natürlich Blödsinn ist, aber ein paar wollten meine Erklärungen gar nicht hören. Für die handelt es sich bei Homo- und Transsexualität nicht um angeborene Neigungen, sondern ganz klar um Perversitäten, die anerzogen wurden. Man hätte der angeblich lesbischen Tochter oder dem angeblich transsexuellen Jungen einmal mehr den Hintern versohlen müssen, dann wären solche Schweinereien erst gar nicht entstanden."
Natürlich ist klar, dass einige Eltern – besonders beim Thema sexueller Kindesmissbrauch – kalte Füße bekom-

men. Wenn man bedenkt, dass jedes vierte Kind Opfer sexualisierter Gewalt ist und über fünfundneunzig Prozent der Täter aus dem nahen Umfeld des Opfers stammen, wird klar, warum manche Eltern ablehnend reagieren. Es gibt statistisch gesehen in jeder Klasse Opfer, also auch Eltern als Täter.

Ein paar Tage später wird ein Kind aus einem Nachbardorf entführt. Meine Frau und ich sind zu der Zeit nicht zu Haus. Wir wundern uns nur, dass wir auf dem Heimweg kurz vor unserem Haus so viele Menschen treffen, die durch den Wald laufen.
Schon am nächsten Tag steht die Polizei auf unserem Grundstück.
„Guten Tag, Herr van Herste. Ich bin von der Kriminalpolizei. Hier in der Nähe wurde ein Kind entführt und ich vermute, dass Sie das getan haben."
„Wie kommen Sie auf solch einen Unsinn?"
„Mehrere Leute haben mich gebeten, Sie zu überprüfen, da Sie vor ein paar Wochen einen Vortrag zum Thema Transsexualität in der nahen Schule gehalten haben. Wer so offen über diese Tunten redet und die sogar noch unterstützt, ist doch schon von vornherein verdächtig, nicht wahr?"
„Den Zusammenhang müssen Sie mir jetzt aber mal erklären."
Anstatt zu antworten, rennt er hin und her und schaut in eines unserer Kellerfenster.
„Nun geben Sie doch endlich zu, dass Sie es waren, dass Sie das Kind in Ihrem Keller versteckt haben."

Da ich nicht antworte – was hätte ich auch sagen sollen? –, kniet er sich hin und schaut in den Keller. Er kann noch so schauen, es ist kein Kind zu sehen.
Schon ist er wieder auf den Beinen und sucht weiter. Plötzlich entdeckt er meinen Mercedes.
„Tja, da haben Sie aber einen großen Wagen. Und ein großer Wagen hat doch bestimmt auch einen großen Kofferraum, nicht wahr?"
Ich öffne den Kofferraum und der ist leer.
„Wie kommen Sie auf so einen Unsinn?"
„Wenn ich mir den Kofferraum so anschaue, so könnte ich auf die Idee kommen, Sie hätten das Kind entführt und in Ihrem Kofferraum abtransportiert. Sie gehen doch einem normalen Beruf nach und da frage ich mich, wie sich ein Normalverdiener so ein teures Auto leisten kann. Das ist sehr verdächtig."
Das ist natürlich klar einzusehen, nicht wahr?
Wer hat dem guten Mann wohl den Tipp gegeben? Na, wer könnte das gewesen sein?
Da der Polizist nichts findet, zieht er wieder ab. Ich erfahre später, dass er die Lehrerin während des Unterrichts aus der Klasse geholt und auch Holger befragt hat. Mehr Aufsehen geht nun wirklich nicht.
Aber, meine „Freunde" können noch so viel Unrat über mir ausgießen, eines Tages wird klar, dass ich das Kind nicht entführt habe. Ein Mann wird nach Wochen gefasst und der legt ein Geständnis ab.
Ich freue mich, dass der Mann gefasst wurde und ich nun endlich aus der Schusslinie bin. Leider habe ich mich zu früh gefreut. Kurz nachdem feststeht, dass ich nicht der Täter bin, werde ich wegen unerlaubter psy-

chologischer Beratung angezeigt. Ich falle mal wieder aus allen Wolken und wundere mich.
Schnell kommt heraus, dass das Ehepaar mit ihrem Zappel-Phillip dahinter steckt. Sowohl mein Anwalt als auch der Richter schütteln nur den Kopf über so einen Unsinn. Der junge Staatsanwalt, der sich anscheinend noch seine Sporen verdienen will, lässt nicht locker und möchte mich vor Gericht sehen.
Da ich mir keiner Schuld bewusst bin, habe ich keine Scheu, vor Gericht zu erscheinen. Jedem einigermaßen klar denkenden Menschen kann ich diese Intrige schnell erklären. Als feststeht, dass ich keine Angst vor einer Verhandlung habe, bekomme ich einen anonymen Anruf. Ein Mann mit verstellter Stimme ist am Apparat.
„Du kannst dich vor Gericht auf was gefasst machen. Wir sind viele und werden zur Verhandlung kommen. Und dann kannst du was erleben. Wir werden dem Richter mal erzählen, was du schon alles auf dem Kerbholz hast. Und Presse und Fernsehen werden wir auch gleich mitbringen, damit alle sofort über dich und deine Machenschaften informiert werden. Wir werden dir diese Tunten-Scheiße schon noch austreiben. Und hör endlich auf, unsere Kinder mit diesem perversen Dreck zu bombardieren. Ach ja, und was ich noch sagen wollte, bei uns gibt es keine Kinderschänder."
Ich erzähle meinem Anwalt davon und der spricht noch einmal mit dem Richter. Der wiederum kann den Staatsanwalt davon überzeugen, dass ich mit einer Geldstrafe einverstanden bin, wenn das Verfahren danach eingestellt wird. So zahle ich vierhundert Euro, ohne ein Schuldeingeständnis abgegeben zu haben, an einen ge-

meinnützigen Verein und die Sache ist ausgestanden. Einerseits bin ich dadurch aus der Schusslinie, andererseits helfe ich bedürftigen Menschen. Diese Entwicklung scheint der Gegenseite gar nicht zu gefallen, da immer wieder Gerüchte über Voodoo und Minirocksekten gestreut werden.
Holger, Monika, Dörte, Michael und die anderen regen sich fürchterlich auf, können aber nichts dagegen tun.

Bei Dörte und Michael kriselt es mal wieder. Dörte beklagt sich mehrfach bei mir, da Michael dauernd mit anderen Frauen herumzieht.
„Was soll ich bloß tun?"
„Das musst du selbst entscheiden. Ich würde mir eine solche Beziehung ganz bestimmt nicht antun."
Daraufhin trennt sie sich von ihm. Endlich frei, dreht er richtig auf. Eines Tages stellt er uns auf einer Feier eine Frau aus Berlin vor. Nach reichhaltigem Alkoholgenuss prahlt sie damit herum, wie oft sie ihren Chef betrogen hätte. Immer mal wieder hätte sie die eine oder andere Summe veruntreut und mit dem Geld so manchen Luxusurlaub finanziert.
Am nächsten Morgen sitzen wir beim Frühstück zusammen und ich erkläre ihr, dass ich solcherart Gebaren nicht schätze.
„Wieso? Der hat doch genug Geld. Und irgendwie steht mir das auch zu. Obendrein ist der doch selbst schuld."
„Wie kommst du darauf?"
„Na, ganz einfach, weil er niemals meine Buchungen kontrolliert."
„Ich würde sagen, der hat Vertrauen zu dir."

„Ja, sage ich doch. Der ist selbst schuld."
„Jeder kann tun und lassen, was er für richtig hält. Ich jedenfalls plädiere dafür, dass du das Geld zurückbezahlst. Andernfalls möchte ich davon Abstand nehmen, dir weiterhin zu begegnen."
Sie erklärt mir zwar, dass sie ihren Fehler einsieht, ist seitdem aber nie wieder bei uns aufgetaucht.
Kurz vor der nächsten Party stellt uns Michael seine neue Flamme vor. Es handelt sich um eine Anwältin aus Lübeck, die er über das Internet kennen gelernt hat. Annika ist nett und feiert ausgelassen mit. In diesem Fall scheint es sich um eine ernsthafte Beziehung zu handeln, da sie mehrfach in Michaels Begleitung bei uns auftaucht.

War Mareike gern mit zu jeder Messe gefahren, so hat sie diesmal verzichtet. Sie erklärt mir, sie müsse sich um die Kinder kümmern. Ich bin etwas erstaunt. Früher hatte sie die Kinder einfach für die zwei oder drei Tage zu ihrer Schwiegermutter gebracht und war freudig mitgereist.
Kaum von der Messe zurück, nimmt sie mich zornig in Empfang.
„Ich habe keine Lust mehr, mich dauernd von dir gängeln zu lassen. Du hast mich zur Polizei geschleppt. Du wolltest, dass ich meinen Vater anzeige. Und, was ist dabei rausgekommen? Nichts, rein gar nichts."
„Das stimmt nicht so ganz. Du bist freiwillig mit mir dorthin gefahren, um zu verhindern, dass dein Vater weitere Kinder missbraucht. Du hast gegen die Ein-

stellung des Verfahrens nicht protestiert, was du hättest tun können."
„Mein Vater würde niemals andere Kinder missbrauchen. Er liebt nur mich."
„Das glaubst du doch selbst nicht oder?"
„So schlimm war es damals gar nicht. Ich habe gestern mit ihm telefoniert und er hat mir gesagt, dass er mich nach wie vor liebt. Er hat mir sogar erzählt, dass ich in einem seiner Häuser mietfrei wohnen könnte."
„Das sieht aber mehr nach Angst oder schlechtem Gewissen aus, als nach Vaterliebe."
„Nein, das ist nicht so. Das siehst du total falsch. Er liebt mich und das Ganze hat mit Bestechung überhaupt nichts zu tun. Er hat nur mein Glück im Auge. Du siehst immer nur das Negative bei allen Menschen. Jede Frau willst du zur Lesbe machen und jeden Mann zum Transsexuellen."
„Du weißt doch genau, dass Homo- und Transsexualität angeboren sind. Wie soll ich also einen Frau lesbisch machen sollen?"
Auch Dörte und Hildegund versuchen, ihr ihren Irrtum klarzumachen, haben aber ebenso wenig Erfolg, wie ich. Mareike, die sich teilweise sehr gut entwickelt und sogar ihre „Glückspillen" abgesetzt hatte, geht uns plötzlich aus dem Weg. Auch ihre Kinder, zu denen wir ein wirklich ausgezeichnetes Verhältnis hatten, nehmen plötzlich Abstand und es dauert nicht lange und sie hat wieder ein ganzes Arsenal an Medikamenten auf ihrer Anrichte stehen. Eines Tages stolziert sogar ihr Vater über den Hof und sie hechelt, schleimend und sich anbiedernd,

hinter ihm her. Wir verstehen die Welt nicht mehr und können uns nur wundern.

Mein Steuerberater meldet sich bei mir, da wir den Jahresabschluss besprechen müssen. Im Laufe dieses Gesprächs erzählt er mir, dass er mal wieder einen Streit mit Holger gehabt hätte. Inzwischen wären mehrere tausend Euro Schulden bei ihm aufgelaufen und er hätte schon längst seine Arbeit eingestellt, wenn Monika nicht wäre.

Ich erzähle ihm, dass auch zu mir kaum etwas geflossen sei und ich sowohl mit Holger, als auch mit Monika darüber reden wolle.

Als ich Monika treffe, spreche ich sie an. Sie vertröstet mich auf den Abend, da sie jetzt keine Zeit hätte. Abends wollen wir im Partyraum gemeinsam mit der ganzen Gruppe einen Film anschauen und da würde ich sie treffen. Bevor wir den Film anschauen, essen wir gemeinsam. Dabei bringe ich das Thema Geld noch einmal auf den Tisch.

Monika rastet plötzlich aus.

„Geld, Geld, Geld! Hast du nur noch ein Thema im Kopf oder was? Jeder will Geld von uns. Das nehme ich nicht mehr hin."

„Wie stellst du dir deine Zukunft vor? Schulden müssen nun mal getilgt werden."

Plötzlich schaltet sich Holger ein und schreit mich an.

„Du hast uns in Unglück gestürzt! Du hast uns bei unserem Steuerberater angeschwärzt! Du zwingst uns dazu, dir Geld zu geben, das dir gar nicht zusteht!"

„Was ist hier eigentlich los? Seid ihr noch zu retten? Habt ihr vergessen, wer eure Firma angeschoben, die Werbung gemacht und eure Homepage gestaltet hat? Wer hat euch denn die ganzen Aufträge besorgt? Ich kann doch nichts dafür, wenn Holger dauernd Mist baut, zu feige ist, Rechnungen zu schreiben, obendrein noch Pfusch am Bau abliefert und sich auf allen Baustellen unbeliebt macht."
Holger schreit mich erneut an.
„Du ganz allein bist schuld an unserer Misere! Du hältst doch alle klein! Keiner darf besser sein, als du! Aber damit ist jetzt Schluss! Ich kann übrigens mindestens genauso gut heilen, wie du! Und das lasse ich mir auch von dir nicht ausreden!"
Dazu fällt mir nichts mehr ein. Gegen solchen Größenwahn, gegen so viel Selbstüberschätzung, gegen diese Realitätsfremdheit ist kein Kraut gewachsen.
Da ich keine Lust mehr habe, mir seine irrationalen Gedankengänge anzuhören, stehe ich auf und gehe. Dörte ist stocksauer und Hildegund versteht die Welt nicht mehr. Noch auf dem Hof höre ich, wie sie versuchen, Monika und Holger zu überzeugen. Da sie auf Granit beißen, folgen sie mir und wir schauen uns den Film in Hildegunds Wohnung an.

Während der nächsten Buchmesse kippt plötzlich die ansonsten gute Stimmung. Michael greift mich lautstark an.
„Was bildest du dir eigentlich ein?"
„Was meinst du damit?"

„Wieso machst du die Interviews immer nur mit Dörte und nie mit mir?"
„Weil wir ein gutes und eingespieltes Team sind und weil es um unsere Themen geht und nicht um irgendwelche kleinkarierten Eifersüchteleien."
Nach diesem winzigen Scharmützel bleibt ein schaler Nachgeschmack zurück. Irgendwie scheint die Freundschaft dahin zu sein. Michael geht mir seitdem aus dem Weg.

Kaum daheim bittet mich Dörte mal wieder um einen Zuschuss. Eine Druckereirechnung müsse dringend bezahlt werden und das Geld vom Handel ließe mal wieder auf sich warten. Ich gebe ihr noch einmal mehrere zehntausend Euro, erkläre ihr aber deutlich, dass es so nicht weitergehen kann. Daraufhin bricht sie in Tränen aus.
„Michael kann nicht mit Geld umgehen. Dauernd ruft der irgendwelche Sex-Hotlines an. Obendrein gibt er auf seinen Reisen viel Geld aus. Eigentlich sollte er doch für den Verlag tätig sein, aber irgendwie klappt das nicht mehr."

Ein paar Tage später wird eine meiner Rechnungen vom Verlag bezahlt. Inzwischen ist eine beträchtliche Summe aufgelaufen und die Überweisung deckt nur einen kleinen Teil der Verlagsschulden bei mir ab. Aber immerhin, es ist etwas gekommen.
Kurz darauf ruft mich Dörte an und bittet um ein Gespräch.
„Ich habe gestern mit einer alten Freundin telefoniert."

„Ja, und?“
„Die hat bei Versandhäusern eingekauft, ihre Wohnung mit neuen Möbeln ausstaffiert und ihren Kleiderschrank aufgefüllt. Obendrein hat sie einige Reisen unternommen, viel gesehen und sich kräftig erholt. Da sie nicht eingesehen hat, das alles zu bezahlen, hat sie einfach eine Privatinsolvenz angemeldet. Jetzt ist sie alle Schulden los und freut sich ihres Lebens.
Okay, sie muss jetzt ein bisschen aufpassen, da sie sechs Jahre lang eine Wohlverhaltensphase unbeschadet überstehen muss, aber genau überprüfen tut das keiner. Sie lässt sich ihren Verdienst als freie Mitarbeiterin in einem Kleinunternehmen einfach auf das Konto einer Freundin überweisen. Dadurch kriegt keiner was mit.
Die hat jetzt mehr Geld als früher zur Verfügung und hat mir geraten, das auch so zu machen.“
„Wenn du meinst, das tun zu müssen, tu es. Aber du solltest dabei nicht vergessen, wen du mit einem solchen Schritt vor den Kopf stößt. Viele unserer Freunde und auch ich haben dir große Summen geliehen. Wir würden dann alle in die Röhre schauen. Willst du das wirklich? Könntest du das mit deinem Gewissen in Einklang bringen?“
„Nein, nein, keine Angst, das werde ich nicht tun. Aber manchmal habe ich einfach keine Lust mehr, für die ganzen Schulden zu arbeiten.“
„Wie hoch ist denn inzwischen euer Schuldenberg?“
„Wenn es so weiterläuft, wie bisher, sind wir am Jahresende den größten Teil los.“

„Das hört sich doch gut an. Warum willst du dann noch in die Insolvenz gehen? Das wäre doch wirklich Quatsch."
„Das stimmt. Ich wollte einfach nur mal mit dir darüber reden."

Etwa zwei Wochen später betrete ich unangemeldet das Verlagsbüro. Auf einem der Schreibtische liegt eine Mahnung aus der hervorgeht, dass die Druckereirechnung noch immer nicht bezahlt worden ist. Ich spreche Dörte darauf an. Sie druckst herum.
„Ach, die Rechnung, ja, die habe ich vergessen. Es kommt aber auch immer irgendwas dazwischen."
„Was kommt dazwischen? Ich habe dir das Geld für diese Rechnung gegeben. Warum ist die also noch nicht bezahlt worden?"
„Unsere Autos mussten beide zur Inspektion. Dort wurde festgestellt, dass unsere Reifen erneuert werden müssen. Dafür habe ich das Geld genommen. Wir können ja schließlich nicht mit abgefahrenen Reifen herumfahren. Du sagst doch selbst, wir sollen auf den Zustand unserer Autos achten. Außerdem musste ich Michaels Kreditkarte auslösen, die er mal wieder kräftig überzogen hatte."
„Was macht der mit der ganzen Kohle?"
„Na ja, du weißt doch, dass er viel Geld für Sex ausgibt."
„Jetzt ist es aber gut. Langsam reicht mir das hier. Ich habe keine Lust mehr, mir diesen Unsinn anzuschauen. Ich werde in Zukunft nichts mehr in den Verlag investieren. Ihr betreibt ja die reine Geldvernichtung."
„Okay, ich werde nochmal mit Michael reden und die Druckereirechnung überweisen."

Ab dem Moment ist das Büro immer aufgeräumt, wenn ich erscheine.

Eine Frau aus der Gruppe spricht mich an.
„Michael hat mir eine E-Mail gezeigt, die er von Jeremias erhalten hat. Jeremias schreibt, dass er Michael immer noch liebt. Und, stell dir vor, der hat Michael ein Foto von seinem nackten Hintern drangehängt."
„Und was Michael dazu gesagt?"
„Der will wohl mal wieder gefickt werden. Der soll mich bloß in Ruhe lassen, mit seinen Schwulitäten."
Als ich Michael darauf anspreche, erzählt er mir das Gleiche.
„Langsam habe ich die Nase gestrichen voll von diesem scheinheiligen Kirchenidioten. Hier, schau dir mal das Bild vom nackten Hintern an."

Inzwischen haben sich auch andere Frauen bereiterklärt, ihre Erlebnisse der Polizei vorzutragen. Um einem weiteren Desaster während einer Anhörung vorzubeugen, lasse ich mir die Geschichten genau schildern und schreibe sie sofort in den Computer. Das fertige Protokoll lasse ich gegenlesen und auf seine Richtigkeit hin überprüfen. Jetzt haben wir alle Berichte fertig auf Papier und können uns die dilettantischen Schreibversuche der Beamtinnen ersparen.
Nachdem eine nach der anderen in meiner Begleitung die Polizei ins Bild gesetzt hat, will auch Dörte eine Aussage machen. Sie und zwei andere Frauen sind rituell missbraucht worden, also von einer oder mehrerer Kinderschänderbanden.

Während ich bei allen Vernehmungen auf Wunsch der Opfer dabei bin, werde ich bei Dörtes Vernehmung ausgeschlossen. Angeblich will die Polizei nicht, dass ich dabei bin. Ich weiß natürlich, dass das Opfer auf einer Begleitung ihres Vertrauens bestehen kann und kein Polizist der Welt das verweigern würde, wenn es dem Opfer hilft, frei und offen zu sprechen. Offensichtlich will Dörte verhindern, dass ich von ihrer Aussage Kenntnis erhalte. Was hat sie zu verbergen? Es ist ihre Entscheidung und so vertreibe ich mir die Zeit mit einem Bummel durch die für mich fremde Stadt.
Schon auf dem Heimweg ist Dörte sehr auf Abstand zu mir bedacht. Redeten wir früher in solchen Situation fast pausenlos über Gott und die Welt, gibt sie sich jetzt sehr einsilbig.
„Und, wie ist es gelaufen?"
„Ich habe den Beamten das erzählt, was du ja schon kennst."

Da die meisten Medienanfragen mich und meine Bücher betreffen, habe ich Zugriff auf die Verlags-Email-Adresse. Dörte und ich sind kaum zurück, fragt eine Fernsehredakteurin an, ob ich Lust hätte, mal wieder eine Reportage zu drehen. Dörte hat bereits geantwortet. Als ich ihre Antwort lese, bin ich einigermaßen erstaunt. Sie schreibt, dass wir kein Interesse an einer weiteren Zusammenarbeit hätten.
Schnell schreibe ich eine E-Mail hinterher und kläre die Redakteurin darüber auf, dass sehr wohl Interesse besteht. Leider bekomme ich keine Antwort mehr.
Ich rufe Dörte an.

„Warum hast du so eine Antwort da hingeschickt? Wir haben doch einige Neuigkeiten fürs Fernsehen. Obendrein bringt jede Reportage Umsatz ein."
„Ach, weißt du, ich habe keine Lust mehr auf diesen Medienrummel. Mach´s doch in Zukunft einfach allein."
Als ich abends noch einmal die E-Mails überprüfen will, ist die Adresse gesperrt. Dörte muss das Passwort geändert haben. Wieder rufe ich sie an und frage nach dem Grund ihres Tuns.
„Du bist kein Verlagsmitarbeiter. Somit hast du auch kein Recht, die Verlagsadresse zu benutzen. Ich bin es leid, dass du dich dauernd in alles einmischt. Wenn was für dich reinkommt, leite ich es an dich weiter."
Sie legt grußlos auf.
Leider kann ich nichts dagegen unternehmen. Im Grunde hat sie Recht. Ich bin kein Verlagsmitarbeiter und habe somit auch kein Recht auf die Verlagsadresse. Nur den Sinn dieser Aktion verstehe ich nicht und wie von mir längst vermutet, bekomme ich keine E-Mails mehr. Leider habe ich mir nur sehr wenige Adressen selbst abgespeichert und so muss ich auf den Homepages der Sender und Zeitungsverlage erst nach meinen Ansprechpartnern suchen. Nachdem ich die meisten beisammen habe und starte eine Rund-Mail, in der ich klarstelle, dass man mich doch bitte ab jetzt direkt anschreiben möge.
Es dauert nicht lange und ich erhalte ein paar Antwort-Mails. Daraus geht hervor, dass man meine Bitte zur Kenntnis genommen hat und sich gegebenenfalls melden wird.

Ein paar Tage später mähe ich mal wieder den Rasen hinter unserem Gemeinschaftshaus. Als ich fertig bin, gehe ich noch einmal zum Bach hinunter, um in Ruhe und nach getaner Arbeit eine Zigarette zu rauchen. Dörte steht hinter einem Baum und telefoniert mit ihrem Handy. Sie spricht sehr laut und ich kann fast jedes Wort verstehen. Sie wähnt mich offensichtlich in der Garage, in der ich den Rasenmäher unterstelle.
Schon nach wenigen Sätzen wird mir klar, mit wem sie telefoniert. Sie spricht mit der Freundin, die vor Monaten Privatinsolvenz angemeldet hatte. Obwohl ich mich nicht verstecke und am Bach hin und her laufe, ist sie so sehr ins Gespräch vertieft, dass sie meine Anwesenheit nicht bemerkt.
Sie beendet das Gespräch und wählt erneut. Diesmal redet sie mir ihrer Mutter, was mich sehr in Erstaunen versetzt, da diese Frau – nach Dörtes eigenen Aussagen – zu den übelsten Personen auf Gottes weiter Erde gehört. Immerhin hat Dörtes Mutter aktiv am sexuellen Kindesmissbrauch mitgewirkt, hat sie geschlagen und sogar festgehalten, wenn sie sich gegen die Übergriffe ihres Vaters oder anderer Männer zur Wehr setzen wollte. Und nun telefoniert Dörte mit ihr, als sei sie ihre beste Freundin. Kurz vor Ende des Gesprächs geht es um Geld und ich höre, wie Dörtes Stimme immer weicher wird. Daraus schließe ich, dass Dörte Geld von ihrer Mutter erhalten wird. Na gut, da muss man doch verstehen, dass sie die Seiten wechselt, nicht wahr?
Mit reicht es und ich gehe zur Garage zurück. Aus den Augenwinkeln sehe ich, dass Dörte sich nicht heran-

traut. Sie wartet bis ich ins Auto steige. Erst dann kommt sie über die Wiese zum Haus zurück.
Abends rufe ich sie an und bitte um Gespräch. Sie sagt für den folgenden Tag zu, wirft den Termin aber noch dreimal wegen „dringender Termine“ um. Als wir uns endlich treffen, erkläre ich ihr, dass ich darauf bestehe, dass sie anfängt, ihre Schulden bei mir abzuzahlen. Daraufhin erklärt sie mir, dass dem nichts mehr im Wege stehen würde. Sie hätte auch die anderen Gläubiger bereits informiert. Wir müssten uns ab jetzt keine Sorgen mehr machen. Die Einnahmen würden inzwischen ausreichen, um einen großen Teil der Schulden abzutragen. Mitte September würde sie zahlen können.
Danach finden keine Besprechungen mehr statt. Oft geht Dörte nicht ans Telefon. Wenn ich sie endlich einmal erwische, ist sie kurz angebunden.
So nach und nach erfahre ich, bei wem Dörte und Michael in der Kreide stehen. Bis auf zwei, sind alle Gruppenmitglieder vertreten. Ein paar haben sogar einen Kleinkredit aufgenommen, um den beiden Geld leihen zu können. Ich bin gespannt, was der September bringt.
Hatten sich früher Mareike und ihr Ehemann ab und zu mit Dörte und Michael wegen der Mietschulden gestritten, so scheint jetzt die große Freundschaft ausgebrochen zu sein. Auch Monika und Holger sind plötzlich wieder gern gesehene Gäste, obwohl zum Schluss niemand mehr etwas mit den beiden zu tun haben wollte. Ein gemeinsames Feindbild schweißt eben zusammen.

Eines Abends, wir hatten mal wieder einen gemeinsamen Tag an einem See verbracht, klingelt mein Telefon, kaum dass ich die Haustür hinter mir geschlossen habe. Hildegund ruft mich an.
„Ich bin eben gerade nach Haus gekommen und stell dir vor, was bei uns hier abgeht."
„Na, was denn?"
„Dörte und Michael geben auf dem Hof eine Party. Mareike und ihr Mann sind dabei und Monika und Holger auch. Und, du wirst es nicht glauben, Jeremias läuft hier rum."
„Ja, dann lass sie doch feiern. Das geht uns nichts an."
„Da braut sich was zusammen."
„Na und? Ich finde es nur witzig, dass sich unsere Ehemaligen früher hin und wieder bekriegt haben und jetzt die besten Freunde zu sein scheinen. Na ja, wer´s braucht."

Hin und wieder besuche ich Gustav an der Ostsee. Ich hatte ihm damals den Laden besorgt und ihn und seine Frau beraten. Wir machen einen Kurzurlaub daraus und erholen uns prächtig.
Während eines abendlichen Gespräches erfahre ich, dass auch er Dörte einige tausend Euro geliehen hat und nun sehnsüchtig auf die Rückzahlung wartet. Auch ihm war mitgeteilt worden, dass das Geld Mitte September zurückgezahlt werden würde. Ich setze ihn über das Verhalten von Dörte in Kenntnis und er wundert sich darüber.

„Das erstaunt mich jetzt aber. Hattet ihr nicht immer ein sehr inniges Verhältnis? Verhaltensweisen dieser Art kann ich nicht nachvollziehen."

Da ich keine Medien-E-Mails mehr bekomme, starte ich eine Rund-Mail, um mich wieder in Erinnerung zu bringen. Seltsamerweise bekomme ich diesmal keine Antworten. Da ich viel zu tun habe, denke ich nicht lange darüber nach. Vielleicht liegt ja einfach nichts an. Ich werde zu einem späteren Zeitpunkt noch einmal nachhaken.

Der September ist zur Hälfte herum und nichts tut sich. Dörte und Michael, der inzwischen zu einem Freund gezogen ist, sehe ich nicht mehr. Offenbar hat Dörte ihren Michael nun doch vor die Tür gesetzt. Kaum fahre ich auf den Hof des Gemeinschaftshauses, macht sich Dörte aus dem Staub.
Dieses Gebaren lässt mich an der Rückzahlung des Geldes zweifeln. Warum sollte Dörte sonst vor mir weglaufen?
Am zwanzigsten kommt schließlich ein Brief. Allerdings handelt es sich nicht um die Ankündigung einer Überweisung, sondern um ein Schreiben von einem Insolvenzverwalter. Der teilt mir mit, dass man mir eine geringe Summe zuweist. Die Auflistung ist ein Witz, da sie nur einen Bruchteil der wahren Schulden bei mir berücksichtigt. Dörte und Michael haben also tatsächlich Insolvenz angemeldet. Jetzt können wir das ganze Geld in den Wind schreiben.

Als mehrere Mitbewohner bei Dörte klingeln, wird nicht geöffnet. Hildegund schaut durchs Fenster und entdeckt, dass sowohl die Verlagsräume, als auch die Wohnung leer sind. Hinterher erfahren wir, dass Dörte mithilfe von Holger, Monika, Mareike und ihrem Ehemann Hals über Kopf nachts ausgezogen sind.
Ich rufe den Insolvenzverwalter an und frage, wie es nun weitergehen soll. Er erzählt mir, dass der Verlag abgewickelt wird und er im Moment noch nichts sagen könne. Er würde mich zurückrufen, wenn sich etwas ergeben sollte.
Daraufhin konsultiere ich meinen Anwalt und meinen Steuerberater. Beide erklären mir, dass auch bei ihnen Schulden aufgelaufen seien, eine Anmeldung dieser Schulden beim Insolvenzverwalter aber mangels Masse nicht lohnen würde.

Ein paar Tage später ruft mich ein Bewohner des Hauses an.
„Du wirst es nicht glauben, aber Holger hat eben einen ganzen Haufen Bücher mit seinem Firmenbus abtransportiert."
„Nanu, die gehören ihm doch gar nicht."
Ich fahre sofort hinüber und stelle fest, dass gut fünftausend Bücher mit einem Marktwert von etwa sechzigtausend Euro verschwunden sind. Da ich die Rechte an den Büchern besitze, handelt es sich bei dieser Unternehmung um einen glatten Diebstahl.
Wieder rufe ich den Insolvenzverwalter an und unterrichte ihn über den Stand der Dinge. Der erklärt mir, dass die Bücher mir gehören und nicht ohne meine Zu-

stimmung verlagert oder verkauft werden dürfen. Er würde Dörte sofort anrufen, um ihr klarzumachen, dass sie sich dringend mit mir in Verbindung zu setzen habe. Die neue Adresse rückt er nicht heraus.
Dörte meldet sich natürlich nicht. Dafür kommt eine Rundmail von Michael. In rüdem Ton teilt er allen mit, dass sie die Vorführbücher sofort und auf der Stelle vor die Tür ihrer ehemaligen Wohnung zu legen hätten. Sollte sich jemand weigern, die Bücher herauszugeben, würde er gerichtliche Schritte einleiten. Ich rate den Leuten, die Bücher zu behalten. Bange machen gilt nicht. Auf diese Weise können wir noch ein paar wenige Exemplare retten und privat verkaufen. Da es sich offiziell immer noch um meine Bücher handelt, kann ich damit machen, was ich will.
Ich informiere den Insolvenzverwalter über den Stand der Dinge. Der erklärt mir, dass sich die abtransportierten Bücher in Dörtes Besitz befänden und schlägt vor, die Bücher zu verkaufen und den Erlös zwischen den Banken und mir aufzuteilen. Ich stimme zu. Besser etwas Geld bekommen als gar keins. Ich könne die Bücher allerdings auch einklagen. Wahrscheinlich würde ich sogar Recht bekommen. Das würde mir aber nicht viel nützen, da weder bei Michael, noch bei Dörte etwas zu holen sei. Ich würde dann höchstwahrscheinlich auf den Gerichtskosten sitzen bleiben und hätte trotzdem kein Buch. Er würde sich aber noch einmal mit den beiden in Verbindung setzen und ihnen raten, entweder die Bücher wieder herauszugeben oder den Erlös, sollten die Bücher bereits verkauft sein, an ihn zu überweisen. Nichts passiert.

Natürlich erhalte ich auch die Zuweisung nicht, die mir im ersten Insolvenzschreiben angekündigt worden war.

Eines Tages, ich mähe mal wieder Rasen hinter dem Gemeinschaftshaus, sehe ich, dass Mareikes Tochter bei Monika zu Besuch ist. War sie mir früher immer freudig entgegengehüpft, um mich zu begrüßen, traut sie sich nun nicht mehr über den Hof, um zu ihrer Wohnung zurückzugehen. Ich bekomme mit, dass Monika bei Mareike anrufen muss. Diese kommt dann aus ihrer Wohnung und holt ihre Tochter ab. Was geht da vor?
Später sollte ich es erfahren: Um die Kinder von uns fern zu halten, hat man ihnen erzählt, ich würde sie einfangen und ins Heim stecken wollen. Dazu fällt mir nichts mehr ein und ich bin ein wenig traurig über diese Entwicklung.

Immer wieder kommen mir Sektengerüchte zu Ohren. Haben Holger und Co früher vehement die Existenz einer Sekte abgestritten, so schüren sie nun selbst solche Gerüchte. Sie stellen sich als Aussteiger dar, die den Mut gehabt hätten, mir die Stirn zu bieten. Mir gehen diese Helden weiträumig aus dem Weg, weil sie sich von mir bedroht fühlen.
Erst jetzt wird mir zugetragen, dass Monika und Holger ebenfalls Insolvenz angemeldet haben. Das Geld kann ich also auch vergessen. Mein Anwalt rät auch in diesem Fall mangels Masse von einer Klage ab.

Über Weihnachten und Silvester bleibt die Praxis geschlossen. Zwischen den Tagen fahren wir einmal hinüber, um nach dem Rechten zu sehen, die Post durchzulesen und der Bank einen Besuch abzustatten.
Auf dem Weg zur Bank treffe ich einen Patienten, der mich ganz erstaunt anschaut. Ich grüße ihn freundlich und er grüßt zurück. Plötzlich hält er mich am Arm fest.
„Schade, dass Sie jetzt pleite sind. Ich bin immer gern zu Ihnen gekommen."
„Wie kommen Sie darauf, wir wären pleite?"
„Das wird überall herumerzählt und ich dachte, das muss stimmen, da Ihr Praxisschild ja schon abgeschraubt wurde."
Ich schaue zur Praxis hinüber und muss feststellen, dass er Recht hat. Auf dem Rückweg von der Bank schaue ich mir die Bescherung genau an. Das eigentlich diebstahlssichere Schild ins fachmännisch abmontiert worden. Alle anderen Schilder sitzen nach wie vor an ihrem Platz. Wer sollte ein Interesse daran haben, so etwas zu tun? Na, wer wohl?
Auch beim anschließenden Einkauf werden wir mehrmals auf unsere Pleite angesprochen. Immer wieder müssen wir versichern, dass es sich um eine Verleumdung handelt, was Gott sei Dank von allen mit Erleichterung aufgenommen wird. Der Dieb wird natürlich nie gefasst.
Kaum zu Haus, drucke ich ein neues Praxisschild auf Papier, laminiere es, fahre zurück zu Praxis und klebe es an die Stelle, an der das alte Schild gesessen hat. Danach bestelle ich ein neues Schild, das schnell geliefert und montiert wird.

Kaum hat das Neue Jahr begonnen, höre ich von einigen Patienten, dass sich ein ehemaliger Polizist, der dem Alkohol verfallen war, seit ein paar Jahren trocken ist und nun eine Abteilung der Anonymen Alkoholiker leitet, im Ort herumläuft und Erkundigungen über mich und meine angebliche Sekte anstellt. Ich muss mich wirklich wundern.

Eine Lehrerin, die ich beim Einkaufen treffe, läuft vor mir weg. Erst am Käsestand treffen wir wieder aufeinander. Da sie bis vor ein paar Monaten regelmäßig und über Jahre hinweg zu mir zur Behandlung gekommen ist, grüße ich sie freundlich. Sie grüßt nicht zurück.
„Was ist los? Habe ich Ihnen etwas getan?"
Sie druckst herum.
„Ich will mit einem Sektenführer nichts zu tun haben."
„Wie kommen Sie auf solch einen Blödsinn? Sie kennen mich doch seit zwanzig Jahren."
„Mir ist das mit der Sekte von vielen Seiten zugetragen worden. Also muss ja was dran sein."
„Wenn ich jetzt überall herumerzähle, man hätte Sie mehrfach mit einer Schnapsflasche im Arm völlig besoffen auf dem Kinderspielplatz liegend gesehen. Was würden Sie dazu sagen?"
„Das stimmt ja nicht. Das wäre Verleumdung."
„Sehen Sie, so einfach kann man jemanden diskreditieren."
Erst jetzt begreift sie meine Finte und lacht. Ein paar Tage später holt sie sich neue Behandlungstermine.

Allerdings stelle ich fest, dass einige Personen aus unserem Ort die Wahrheit gar nicht hören wollen. Wahrscheinlich waren sie schon immer neidisch oder brauchten ein Feindbild, um von sich selbst abzulenken, um nicht vor der eigenen Haustür kehren zu müssen.

Leider geht mir der ehemalige Polizist sofort weiträumig aus dem Weg, wenn er meiner ansichtig wird. Ich hätte ihn gern einmal nach dem Grund seiner „Ermittlungen" befragt. Komisch, hinter meinem Rücken spielen sich diese Leute als Helden auf und wenn ich ihnen begegne, laufen sie weg.
Der Mann hat zwar selbst etliches auf dem Kerbholz, seine Frau geschlagen und mit seiner Dienstwaffe bedroht und sogar geschossen, aber damals war er ja jedes Mal alkoholisiert gewesen und dann zählt das natürlich nicht.
Viel später wird mir klar, warum einige ehemalige Alkoholiker so gegen mich Front machen. Ich habe mehrfach in Vorträgen darauf hingewiesen, dass viele Süchte Folgen von sexuellem Kindesmissbrauch und/oder nicht ausgelebter Homo- und Transsexualität sein können. Nach der ayurvedischen Lehre können Süchte viel leichter überwunden werden, wenn man die Ursachen begreift. Monika ist dafür das beste Beispiel. Erst als ihr klar geworden war, warum sie sich jeden Tag zugeschüttet hatte, konnte sie ihre Alkoholsucht schnell überwinden.
Viele Borderline-Prinzessinnen und –Prinzen mögen natürlich nicht zugeben, warum sie trinken oder getrunken haben. Sie und sexuell missbraucht? Sie und homo- oder

transsexuell? Niemals! Da man zu feige ist, die Täter zur Rechenschaft zu ziehen oder seine sexuelle Neigung auszuleben, muss man gegen denjenigen zu Felde ziehen, der einem gefährlich werden, der aufdecken könnte. Und da man feige ist, muss man das alles hinter dem Rücken des Verleumdungsopfers tun.

Als wir eines Tages von einer Buchmesse zurückkehren, ist die Wohnung von Mareike ebenfalls leer. Sie hat es also wahr gemacht und ist mit ihrer Familie zu ihrem Vater gezogen. Wie sich schnell herausstellt, wohnt sie nun in einem seiner Häuser nur ein paar Meter von seinem eigenen Haus entfernt. Gott sei Dank ist ihre Tochter Janina bereits zu alt für ihren Opa. Offenbar hat es sich doch gelohnt, dass ich Mareike ab und zu ins Gewissen geredet habe und somit den Umzug verzögern konnte.

Ich starte erneut eine Rund-Mail an die Medienvertreter, mit denen ich gemeinsam in den Jahren zuvor einige Dokumentationen veröffentlicht hatte. Und auch diesmal bekomme ich keine Antwort. Um der Sache auf den Grund zu gehen, rufe ich drei Frauen, die für namhafte Fernsehsender arbeiten, an. Alle drei sind nicht erfreut über meinen Anruf. Zwei wimmeln mich schnell ab, ohne mir mitzuteilen, warum sie jede weitere Zusammenarbeit mit mir ablehnen. Nur die Dritte kann ich dazu überreden, mir Informationen zu geben.
„Was ist denn los mit dir? Warum meldest du dich nicht zurück?“
„Ich will nicht weiter mit dir zusammenarbeiten.“

„Warum nicht? Wir haben doch gemeinsam bisher gute Dokus gemacht."
„Weil ich das nicht mehr will."
„Aha, und warum auf einmal nicht mehr?"
„Das muss ich dir nicht sagen."
„Stimmt, das musst du nicht. Ich würde mich aber trotzdem freuen, wenn du es tätest. Los, nun raus mit der Sprache. Was ist passiert?"
„Eine Frau hat bei mir angerufen. Sie hat geheult und konnte sich gar nicht wieder einkriegen."
„Und wieso hat die geheult?"
„Weil du sie in deine Sekte gelockt und zum Lesbensex gezwungen hast. Obendrein ist die jetzt pleite, weil du sie finanziell ausgenommen hast."
„Na klar und eines Tages fallen Ostern und Pfingsten auf einen Tag. Meine Güte, das ist doch kompletter Unsinn. Und so was glaubst du? Wer war das denn?"
„Ich habe die Frau nicht erkannt, aber die klang sehr echt. Obwohl ich dir solche Geschichten eigentlich gar nicht zutraue. Ich habe die Äußerungen der Frau innerhalb der Redaktion weitergegeben und nun wurde beschlossen, mit dir keine Doku mehr zu drehen."
„Meine Güte, wie lange kennen wir uns schon?"
„Im Grunde genommen kennt man doch niemanden wirklich oder? Ich habe immer gern mit dir zusammengearbeitet und nun ist es genug, tschüss."
Sie hat aufgelegt und ich sitze etwas irritiert vor dem Telefon. Ihre Aussage, sie hätte die Anruferin nicht erkannt, nehme ich ihr nicht ab. Ich vermute stark, dass Dörte angerufen hat und da Dörte und die Fernsehfrau mehrfach miteinander zu tun hatten, kann ich mir nicht

vorstellen, dass die Fernsehfrau Dörte nicht erkannt haben will. Aber gut, man kann niemanden zwingen.
Dieses Telefonat macht mir klar, was hinter den Kulissen abläuft. Dörte hat alle Medienkontaktdaten in ihrer Kartei. Also, wer sollte sonst in der Lage sein, eine Redakteurin direkt anzurufen?

Zwei Handwerker werden beauftragt, ein paar kleine Reparaturen am Gemeinschaftshaus auszuführen. Kaum haben sie auf dem Hof ihre Gerätschaften ausgeladen, steht Holger neben ihnen und fragt, ob sie wüssten, für wen sie hier arbeiten würden. Ohne eine Antwort abzuwarten, erklärt er ihnen, ich sei ein gefährlicher Sektenführer, der Frauen zum Lesbensex zwingt und finanziell ruiniert. Obendrein würde ich Frauen gegen ihren Willen verheiraten.
Endlich haben wir Zeugen, die keine Angst vor einer Aussage haben, die mich seit Jahren kennen und diesen Unsinn nicht glauben. So strebe ich einen Verleumdungsprozess an. Holger und Monika haben einen Anwalt aus einer nahen Großstadt angeheuert, der allerdings gegen die eindeutige Beweislage nicht viel ausrichten kann.
Der Richter verliest das Urteil:
„Ob Herr van Herste ein Sektenführer ist oder nicht, konnte innerhalb dieser Verhandlung nicht geklärt werden. Bei der Titulierung Sektenführer handelt es sich um eine freie Meinungsäußerung, die nicht strafbar ist. In diesem Staat kann schließlich jeder sagen, was er denkt. Wobei ich anmerken muss, dass Sekten, vom Begriff her, nicht automatisch etwas Negatives sein müssen. Auch

das Christentum hat schließlich mal als Sekte angefangen."
Dann spricht er Holger direkt an.
„Allerdings handelt es sich bei der Behauptung, Herr van Herste würde Frauen zum Lesbensex zwingen, finanziell ruinieren und zur Ehe zwingen, um Verleumdung. Äußerungen dieser Art unterlassen Sie bitte ab jetzt, da ich Ihnen andernfalls eine empfindliche Geldstrafe auferlegen werde."
Na ja, besser als nichts.

Ich recherchiere und finde heraus, dass Holgers Anwalt zu einer Kanzlei gehört, die eine Anwältin betreibt. Diese Anwältin ist eine Sex-Chat-Bekanntschaft von Michael. Ich erinnere mich, dass er sich einmal mit dieser Bekanntschaft vor mir gebrüstet hatte. Er hatte sie nicht nur mehrmals im Internet „bedient", sondern war auch für mehrere Monate ihr „Lover" in der realen Welt gewesen.
Obwohl sich Michael und Dörte sehr oft über Holgers Dumm- und Feigheit aufgeregt hatten, scheint nun die große Freundschaft ausgebrochen zu sein. Ich vermute allerdings, dass Dörte und Michael, Holger und Monika nur benutzen, um mir zu schaden. Holger und Monika haben sich dermaßen selbst isoliert, dass sie keine Freunde mehr haben und sogar der Großteil ihrer Verwandtschaft Abstand zu ihnen hält. Wenn man so einsam ist, tut man für ein paar Streicheleinheiten natürlich so einiges.

Ein paar Wochen später steht Gustav plötzlich vor mir.
„Nanu, was machst du hier in Stade? Hast du deinen Laden an der Ostsee geschlossen?"
„Nein, der ist offen. Meine Frau ist vor Ort."
„Na, das ist ja schön, dass du mich mal besuchen kommst. Unser letzter Besuch bei euch ist ja auch schon ein paar Wochen her."
„Ich möchte dir die Freundschaft kündigen."
„Aha, und warum?"
„Weil meine Frau Angst vor dir hat. Sie hat mir gesagt, dass sie mit den Kindern zu ihrer Mutter ins Rheinland zieht, wenn ich die Freundschaft zu dir nicht beende. Sie meint, sie hat immer ein schlechtes Gewissen, wenn du uns besuchst, weil du ihr den Umgang mit ihrem Vater verboten hast."
„Mein lieber Gustav! Ich habe ihr niemals den Umgang mit ihrem Vater verboten. Sie hat mir selbst erzählt, dass er sie unsittlich angefasst und sonst was mit ihr gemacht hat, als sie noch ein kleines Mädchen war. Soweit ich mich erinnere, hatte sie den Kontakt zu ihrem Vater bereits abgebrochen bevor wir uns kennen lernten. Also, was soll der Quatsch?"
„Sie will nicht mehr, dass ihr kommt und sie will keinen Kontakt mehr zu dir haben. Was soll ich denn machen?"
„Auf den Tisch hauen vielleicht?"
„Wenn die ernst macht, sitze ich ganz allein da oben an der Ostsee. Ich kann den Laden schlecht allein bewirtschaften."
„Ihr gehört der Laden doch auch zur Hälfte. Also kann die gar nicht einfach so abhauen."

„Und wenn sie es doch tut? Sie hat das immerhin schon zweimal gemacht."
„Sag mir mal ehrlich, was ist passiert?"
„Sie war auf der Beerdigung ihrer Großtante in Hessen und hat dort ihren Vater getroffen."
„Mir hat sie damals mal erzählt, wenn der ihr in die Finger kommt, dann wird sie ihm eine gehörige Standpauke halten. Und nun?"
„Sie kam freudestrahlend zurück und hat mir erzählt, dass ihr Vater sie immer noch liebt und wenn man sich liebt, hätte man auch Sex miteinander."
„Das gibt's doch gar nicht. Das hat sie gesagt?"
„Ja."
„Das hört sich fast so an, als wäre sie gleich dort wieder mit ihm ins Bett gestiegen."
„Ausschließen kann man nichts."
„Und dann willst du die Freundschaft zu mir kündigen, nachdem was passiert ist?"
„Ja, mir bleibt keine andere Wahl."
„Das solltest du dir aber noch mal überlegen."
„Was meinst du, wie lange ich an dieser Geschichte schon rumdenke? Aber, ich habe mich entschieden. Du und ich gehen in Zukunft getrennte Wege."
Er lässt sich nicht beirren und verabschiedet sich von mir. Obwohl er Tränen in den Augen hat, schaut er mich tapfer an, steigt in sein Auto und fährt davon, während ich ein wenig erschüttert zurückbleibe.

Eines Tages steht plötzlich die Inhaberin einer nahen Gärtnerei in der Praxis. Sie hat einen großen Strauß roter Rosen bei sich und fragt nach meiner Frau. Nur ihr dürfe sie die Rosen persönlich überreichen. Ich bin ein wenig verwundert und rufe meine Frau.
Die ist ebenso verwundert und nimmt den Strauß entgegen. Auf einem angehängten Kärtchen steht zu lesen: „Verlass ihn endlich! Ich liebe dich!"
Schnell wird uns klar, dass weder Karte noch Blumen für meine Frau bestimmt sind. Es geht darum, der Gärtnerin vorzugaukeln, meine Frau hätte ein Verhältnis zu einem anderen Mann. Die Absenderin rechnet offenbar damit, dass die Gärtnerin nun überall herumerzählt, unsere Ehe würde auf der Kippe stehen.
Da wir die Gärtnerin schon viele Jahre kennen und die natürlich schon mehrfach von den Gerüchten über mich gehört hat, setzen wir sie ins Bild. Sie erzählt, dass sie sich über die Karte sehr gewundert und schon eine Finte vermutet hätte. Sie würde diesen Blödsinn in jedem Fall für sich behalten. Sie hätte schon nachgeforscht, um die Identität des Absenders herauszubekommen, sei aber nicht fündig geworden. Der Strauß war offenbar anonym in einem Blumenladen in Berlin bestellt und bar bezahlt worden. Meine Güte, was sich manche Menschen so alles einfallen lassen…

Als nächstes verschwindet Post aus unserem Praxisbriefkasten. Ich stelle es erst fest, nachdem mich eine Mitarbeiterin der Bank angerufen und gefragt hat, warum ich auf ihr Schreiben nicht geantwortet hätte. Ich frage sofort in der Postfiliale nach und die Chefin will sich darum kümmern. Sie fragt alle Briefzusteller, kommt aber zu keinem Ergebnis. Die Post ist stets pünktlich ausgeliefert worden. Daraufhin beantrage ich ein Postfach und schon kommt kein Brief mehr weg.

Nachdem ich monatelang nichts mehr von Gustav gehört habe, schickt er mir plötzlich einen großen Umschlag. Verwundert reiße ich ihn auf. Ein ganzer Stapel Briefe ergießt sich auf meinen Schreibtisch. Mit Erstaunen stelle ich fest, dass es sich um Gerichtsschreiben handelt.
Ich sortiere die Briefe nach den Poststempeln und fange an zu lesen. Von einem Verein, der gegen sittenwidriges Verhalten im Internet vorgeht, wird mir vorgeworfen, Titelmissbrauch begangen zu haben und ich solle eine Unterlassungserklärung unterschreiben.
Im nächsten Brief wird mir ein Gerichtsverfahren angedroht, da ich auf den ersten Brief nicht reagiert hätte. Der dritte Brief ist vom Gericht und es wird mir mitgeteilt, dass mir eine Ordnungsstrafe in Höhe von 250000,- Euro droht, sollte ich nicht schnellstens auf das Schreiben reagieren.
Im vierten Brief, der wieder von dem Verein verfasst wurde, befinden sich Ausdrucke meiner Homepage.
Ich hatte ein paar Zeitungsartikel eingescannt und auf meine Homepage setzen lassen. Dabei war mir gar nicht aufgefallen, dass ich von einem Reporter in einer Bildunterschrift als Psychologe bezeichnet worden war. Sofort rufe ich meinen Administrator an und innerhalb weniger Stunden ist der Fall erledigt.

Außerdem mache ich einen Termin mit meinem Anwalt aus. Der lacht sich über die Höhe der Strafandrohung halb kaputt. Er setzt sich mit dem Gericht in Verbindung und versucht, die Sache aus der Welt zu schaffen. Leider klappt das nicht so, wie geplant, weil das Gericht davon ausgeht, ich hätte mich absichtlich nicht auf die Schreiben des Vereins gemeldet. Wer diese Sache ins Rollen gebracht hat, ist uns natürlich sofort klar.
Der Richter lässt sich auf keine außergerichtliche Einigung ein und ich werde vorgeladen. Wir müssen sehr weit fahren, da das Gericht davon ausgegangen ist, ich würde in Gustafs Nähe wohnen. Die Drahtzieher dieser Geschichte wissen natürlich ganz genau, wo ich zu finden bin, haben dem Verein aber absichtlich eine falsche Adresse gegeben, um eine außergerichtliche Vereinbarung zu verhindern. Ich soll geschädigt werden und sonst nichts.
Und Gustav hat offensichtlich mitgespielt. Immerhin hätte er mir schon das erste Schreiben sofort weiterleiten können. Dann wäre es gar nicht erst so weit gekommen.
Mein Anwalt, meine Frau und eine weitere Zeugin, die belegen kann, dass ich mich niemals selbst als Psychologe bezeichnet habe, und ich betreten das Gerichtsgebäude. Mein Anwalt ist der Meinung, wir bekommen das schon hin. So schlimm sei mein Vergehen nun auch wieder nicht. Schließlich sei niemand zu Schaden gekommen.
Als wir den Gerichtssaal betreten, begegnen wir dem gegnerischen Anwalt. Er kommt freundlich auf uns zu und gibt jedem die Hand zur Begrüßung. Na, denke ich, wenn der so freundlich ist, wird schon nicht viel passie-

ren. Ich habe ja schließlich niemanden ermordet, sondern nur einen Fehler gemacht.
Wir setzen uns und drei Richter erscheinen. Meine Güte, denke ich, drei Richter für so eine Lappalie? Der Chef-Richter hält mir mein Vergehen vor und erklärt, dass er die Änderung auf meiner Homepage längst entdeckt hätte und sich über meine schnelle Reaktion freut. Ich soll mich zur Sache äußern, was ich natürlich sofort tue.
Daraufhin erklärt mir der Richter, dass ich eine Ordnungswidrigkeit begangen hätte und sein Kollege erläutert mir die Hintergründe. Daraufhin erkläre ich, dass ich in Zukunft noch mehr darauf achten werde, mich in der Öffentlichkeit korrekt darzustellen. Der Wort führende Richter nickt freundlich und meint, damit sei alles gesagt und die Verhandlung könne geschlossen werden.
Das passt dem gegnerischen Anwalt überhaupt nicht. Er regt sich fürchterlich auf.
„Wissen Sie eigentlich, Hohes Gericht, welch gefährliche Person Ihnen gegenübersitzt?"
Die Richter schauen den Anwalt erstaunt an.
„Herr van Herste ist ein ganz gefährlicher Sektenführer, der arme Frauen in seine Sekte lockt, zum Lesbensex zwingt und finanziell ruiniert. Obendrein ist er ein Scharlatan, der sich selbst als großer Heiler bezeichnet, obwohl man doch sein angeblich außergewöhnliches Ayurveda an jeder Straßenecke findet. Beim Ayurveda handelt es sich um eine schlichte Wellness-Massage und die hat mit Medizin rein gar nichts zu tun. Ich habe mich genauestens erkundigt."
Mein Anwalt versucht ihn zu stoppen.

„Werter Herr Kollege! Haben Sie Herrn van Herste auf seinen zahllosen Indienreisen begleitet oder woher wissen Sie so genau Bescheid?"
„Das musste ich gar nicht. Ich habe unzählige Quellen, die klar belegen, um welche Art von Mensch es sich bei Herrn van Herste handelt."
„Wenn ich Sie so höre, kann ich mir gut vorstellen, welche sicheren Quellen Sie meinen.
Hohes Gericht, den einzigen Zweck, der mit dieser Verhandlung verfolgt wird, ist, dass mein Mandant verleumdet und abgezockt werden soll."
Die Richter lassen sich keine weiteren Erklärungen entlocken und schließen die Verhandlung. Der gegnerische Anwalt versucht noch, weitere Details seiner Geschichte loszuwerden, wird aber von den Richtern abgeblockt. Beim Verlassen des Saales ignoriere ich die Hand des gegnerischen Anwalts. Von so einem Menschen muss ich mich bestimmt nicht per Handschlag verabschieden.
Mein Anwalt macht mir Mut.
„Machen Sie sich keine Sorgen. Die Richter haben die Attacken meines werten Kollegen schon richtig interpretiert. Hätten sie Zweifel an Ihrer Aussage gehabt, wären die Zeuginnen vorgelassen worden."
Kaum zu Haus, recherchiere ich im Internet über den gegnerischen Anwalt und werde sehr schnell fündig. Die Kanzlei, für die er tätig ist, hat sich auf Abmahnverfahren spezialisiert und lebt praktisch gut davon, im Internet nach irgendwelchen Fehlern zu suchen und daran richtig viel Geld zu verdienen. Da werden z. B. Menschen in den Ruin getrieben nur, weil sie vergessen ha-

ben, ihre Telefon- oder Steuernummern auf ihrer Internetseite bekannt zu geben.
Zwei Wochen später erhalte ich das Urteil. Ich muss ein Ordnungsgeld in Höhe von sechstausend Euro zahlen, weil ich mich eines Titelmissbrauchs schuldig gemacht hätte. Ich hätte mich zwar nicht selbst als Psychologe bezeichnet, mich aber mit der Falschaussage in dem Zeitungsartikel identifiziert, da ich sie auf meiner Homepage veröffentlich hätte. Mein Anwalt und ich sind erstaunt und er fragt bei Gericht nach, wie die Richter auf diese Summe kommen.
Das hat zur Folge, dass wir an die nächsthöhere Instanz weitergereicht werden, was gar nicht unsere Absicht war. Von dort wird mir mitgeteilt, dass ich einen schwerwiegenden Fehler begangen hätte und das müsse mit einer empfindlichen Strafe belegt werden, um einen weiteren Titelmissbrauch durch mich zu verhindern. Da haben wohl einige Leute versäumt, die Aussagen korrekt zu lesen.
Was bleibt mir anderes übrig, als zu zahlen? Die Verleumder und Abzocker haben sich durchgesetzt. Die Kaputtmacher haben gesiegt. Als ich einer befreundeten Anwältin davon erzähle, erklärt sie mir, dass sie so ein Urteil nicht wundern würde.
„Wenn sich die Herren und Damen Staatsanwälte und Richter mit ihren Prozessakten dermaßen intensiv befassen würden, wie mit ihren Golf- oder Tennisschlägern, könnte man davon ausgehen, es würde Recht gesprochen in unserem Rechtsstaat."

Im Sommer bekomme ich eine E-Mail von einem Fernsehredakteur.
„Sehr geehrter Herr van Herste!
Mir ist von mehreren Seiten zugetragen worden, dass Sie ein Experte auf dem Gebiet der Bekämpfung des sexuellen Kindesmissbrauchs sind. Ich habe ein wenig recherchiert und möchte Sie und Ihre Insel-Methode durch einen Beitrag unterstützen. Auch meine Kollegin, Frau XY, die Sie ja von anderen Reportagen her kennen, hat Sie mir empfohlen.
Wären Sie bereit, mir ein Interview zu geben, und für Innen- und Außenaufnahmen zur Verfügung zu stehen? Ich würde mich sehr über eine Zusammenarbeit freuen."
Hochachtungsvoll
Ihr
Rainer Meier"

Wir telefonieren mehrmals miteinander und machen einen Drehtermin aus. Mein Cousin, der noch nie einen Filmdreh erlebt hat, begleitet mich, um einmal dabei sein zu können.
Bevor ich ein Wort sage, lasse ich mir vom Redakteur unterschreiben, dass er mich im späteren Film nicht als Psychologe bezeichnen darf. Dazu lege ich ihm meinen, dafür angefertigten, Vordruck vor. Er erklärt, dass er das niemals tun würde, und unterschreibt.
Der Dreh in einem nahen Hotel ist sehr umfangreich. Über drei Stunden lang werde ich interviewt und innen und außen gefilmt. Ich erzähle von meinem selbst erlebten Missbrauch, schildere die Anfänge meiner Arbeit und den jetzigen Stand der Dinge. Der Redakteur ist

ganz angetan und verspricht mir, eine gute Reportage daraus zu machen.
Zum Abschied schenke ich ihm noch zwei meiner Bücher zum Thema, um ihn mit weiteren Informationen zu versorgen. Er bedankt sich, erklärt mir, dass er mich über den Sendetermin unterrichten wird und verabschiedet sich freundlich.
Da ich nach einer Woche noch nichts von ihm gehört habe, rufe ich ihn an. Er ist wieder sehr freundlich und erzählt, dass er im Moment an verschiedenen Geschichten dran sei und noch keine Zeit gefunden hätte, den Film zu schneiden. Er würde mich aber in jedem Fall über den Sendetermin unterrichten. Danach höre ich nichts mehr von ihm.
Ein paar Tage später ruft mich abends eine Freundin an.
„Du bist gerade im Fernsehen gewesen."
„Na ja, das kommt vor. Welche Sendung haben die denn wiederholt?"
„Keine. Ich habe eben in eine Kurzreportage reingezappt und da ist mir fast die Kinnlade runtergeklappt."
„Wieso, was wurde denn da gezeigt?"
„Eine Frau von irgendeiner kirchlichen Sektenstelle hat behauptet, man solle sich vor dir in Acht nehmen. Du seist ein gefährlicher Sektenführer und würdest Frauen in deine Sexsekte locken. Die müssten dann vor deinen Augen miteinander schlafen. Und obendrein würdest du sie finanziell ruinieren.
Danach war Monika von hinten zu sehen. Die hat erzählt, du hättest sie mit abenteuerlichen Versprechungen in deine Sekte gelockt und dazu gezwungen, mit ande-

ren Frauen Sex zu haben, obwohl sie doch ganz klar Männer liebt.
Und dann kam der nächste Hammer. Die hat doch tatsächlich behauptet, du würdest Frauen den sexuellen Missbrauch einreden, um sie dann anschließend therapieren zu können.
Soweit ich mich erinnere, haben wir dir doch unsere Geschichten freiwillig erzählt, auch sie ihre mehrfach. Ich war doch dabei. Warum solltest du auch Storys erfinden, wo es doch genug echte gibt? Na ja, sie hat jedenfalls gesagt, sie sei niemals ein Opfer von Missbrauch gewesen und ließe sich das von dir auch nicht einreden. Ihre Kindheit sei zwar nicht immer rosig verlaufen, aber so was wäre ganz bestimmt nicht passiert.
Danach war Holger dran, auch natürlich von hinten gefilmt, und hat sich damit gebrüstet, dass er Monika aus deinen Fängen befreit hätte. Monika hat ihn liebevoll angeguckt und erzählt, dass sie ohne ihn wohl noch immer in deiner Sekte gefangen wäre.
Da sieht man mal wieder, wie feige diese Leute sind. Großen Scheiß erzählen, aber nicht dazu stehen und sich nur von hinten filmen lassen. Die lügen, ohne rot zu werden. Erst kommen sie zu dir, jammern dir die Ohren voll, lassen sich helfen und wenn es dann ans Rückzahlen geht, hauen sie dich in die Pfanne.
Zwischendurch haben sich Kommentatoren aus dem Hintergrund über deine Auftritte in Schulen und auf Buchmessen lustig gemacht. Sie haben gesagt, du würdest dich als Helfer darstellen, aber in Wahrheit seist du ein gefährlicher Mann vor dem man sich schützen müsste.

Immer wieder haben sie kurze Filmchen eingespielt, in denen du in Schulen, auf Messen und im Hotel, in dem ihr gedreht habt, zu sehen warst. Die haben deine halbe Homepage geplündert. Außerdem haben die gesagt, du würdest nur in Schulen gehen, um auch dort neue Schäfchen abgreifen zu können.
Zum Schluss hat ein Ansager ganz stolz erklärt, man hätte dich wegen Titelmissbrauchs verurteilt und das Bundeskriminalamt würde gegen dich ermitteln. Obendrein hätte irgendein Politiker dafür gesorgt, dass du niemals wieder in irgendeiner Schule auftreten dürftest.
Ach ja, und dann hat ein Sprecher aus dem Hintergrund noch gesagt, du würdest dich fürchten und nur noch mit Bodyguard auftreten. Dabei haben sie deinen Cousin gezeigt, der still in einer Ecke saß und zugeschaut hat. Die waren echt kreativ, nicht wahr?
Ich war echt geschockt. Ich finde, jetzt haben die aber wirklich das Fass zum Überlaufen gebracht. Ich würde diese Irren gerichtlich belangen."
Ich falle aus allen Wolken und mir wird sofort klar, dass die Interviewanfrage nur einen einzigen Sinn hatte, nämlich mich in die Pfanne zu hauen und fertigzumachen.
Obendrein ist mir sofort klar, wer dahinter steckt. Jeremias ist zum Sektenbeauftragten aufgestiegen und hat sein Amt dazu missbraucht, mich mundtot zu machen, mich ein für alle Mal zu erledigen.
Abends sehe ich, dass über zweitausend Internetnutzer meine Homepage aufgerufen haben. Die meisten verweilten aber nur für wenige Sekunden. Wahrscheinlich suchten sie Sexfotos oder ähnliches und verabschiedeten

sich schnell von meiner Seite, da sie nicht fündig wurden.
Gleich am nächsten Morgen gehe ich zu meinem Anwalt. Der erklärt mir, dass eine Klage keinen Sinn macht, solange wir den Film nicht selbst gesehen hätten. Wenn Monika und Holger obendrein nur von hinten aufgenommen worden wären, könnten wir sowieso nichts machen, da solche Aufnahmen nicht als Beweis gelten würden. Ich schreibe den Sender an und verlange den Film. Allerdings werden sämtliche Anfragen ignoriert.
Wieder spreche ich mit meinem Anwalt und er meint, dass er an meiner Stelle gar nichts unternehmen würde. Ein erneutes Aufwärmen in der Öffentlichkeit würde mehr Schaden anrichten, als Nutzen bringen. Also lasse ich es dabei. Mit den Sektenverleumdungen lebe ich schließlich immerhin seit mehr als zwanzig Jahren.
Natürlich sagen am nächsten Tag mal wieder zig Patienten ab. Ich wundere mich nach wie vor, wie viele diesen Blödsinn glauben, obwohl sie mich seit Jahrzehnten kennen und eigentlich wissen müssten, dass jedes Wort in dem Beitrag frei erfunden worden war, um mir zu schaden. Aber wenn es im Fernsehen läuft, muss es ja stimmen…
Da ich eine ziemlich lange Warteliste habe, sind die Lücken in meinem Plan nach einigen Tagen wieder aufgefüllt und nach und nach beruhigt sich auch mein Umfeld wieder.

Aus meinen Selbsthilfegruppen ist inzwischen ein als gemeinnützig anerkannter Verein geworden. Die Mitglieder lassen sich von den Verleumdungen nicht irritieren und so arbeiten wir weiter gegen den sexuellen Kindesmissbrauch und die Diskriminierung von Frauen und Homo- und Transsexuellen. Obwohl die üble Nachrede praktisch dauernd präsent ist, kommen hin und wieder Menschen zu uns, die mitmachen wollen. Das freut und bestärkt uns in unserer Arbeit. Wir unterstützen viele Betroffene und Opfer, gehen mit ihnen zur Polizei oder helfen ihnen beim Coming-Out.

Leider kommt es zwar zu einigen Gesprächen mit Polizeibeamten und Staatsanwälten, aber nie zu einer Anklage. Wir werden das Gefühl nicht los, dass kein Interesse an der Aufklärung solcher Straftaten besteht.

Viele Opfer können Täter-Namen, Orte und sogar Uhrzeiten nennen, aber angeblich reichen die Informationen nie aus, um einen Täter dingfest zu machen. Es wird verschleppt, verzögert und hingehalten, dass man verzweifeln könnte. Viele Opfer geben nach einiger Zeit entnervt auf, da sie keine Lust haben, dauernd gegen Windmühlen zu kämpfen. Einige haben Angst vor den Tätern, da die zwar informiert, aber weder angeklagt, noch verurteilt werden.

Einem Opfer wird von einer Staatsanwältin ganz klar in einem Gespräch unter vier Augen mitgeteilt, dass sie kein Interesse daran hätte, diese Straftat aufzuklären. Wir können nichts gegen diese Frau unternehmen, da wir nichts beweisen können. In diesem Fall steht Aussage gegen Aussage. Und wem man Glauben schenken würde, ist doch sonnenklar.

Ab und zu können wir ein paar Lokalzeitungen für unsere Arbeit begeistern. Hier und da erscheint mal ein kleiner Artikel und so bleiben wir trotz allem in der Öffentlichkeit präsent.

Eines Tages sagt ein Reporter plötzlich ab. Auf meine Nachfrage erklärt er, dass er Hinweise bekommen hätte, die ihn nachdenklich gestimmt hätten. Ich bohre weiter nach und er erzählt mir, dass eine kirchliche Sektenstelle ihm einen Film zugeschickt hätte, der eindeutig belegen würde, dass ich ein gefährlicher Sektenführer sei. Da wir uns schon so lange kennen, würde er nichts Negatives über mich berichten, aber fortan nichts mehr über unseren Verein bringen.

Obwohl ich ihm die Hintergründe erläutere, kann ich bei ihm nicht punkten. Wenn ihm eine kirchliche Sektenstelle so einen Film schickt, muss etwas dran sein.

Da mir Ähnliches neuerdings immer wieder passiert, höre ich irgendwann auf, die Angelegenheit aufklären zu wollen. Die Menschen wollen die Lügen und Verdrehungen einfach glauben und sind zu feige, sich ernsthaft mit mir und dem Thema auseinanderzusetzen.

Natürlich glauben viele Medienmitarbeiter den Sekten-Unsinn nicht wirklich. Aber den Tätern unter ihnen kommt ein solcher Vorwand gerade recht. Ich Laufe der Jahre musste ich oft feststellen, dass Radio, TV und auch die Printmedien sehr zurückhaltend reagieren, wenn ich Ihnen einen Bericht über das Thema sexueller Missbrauch von Kindern oder häusliche Gewalt vorschlug. Werden die Enthüllungen z. B. über das widerwärtige Treiben bei der englischen BBC zugrunde gelegt, wundert das nicht.

Es dauert nicht lange und die nächste Hiobsbotschaft flattert uns ins Haus. Das Finanzamt schreibt mir, dass demnächst eine Steuerprüfung auf mich zukommen würde. Daraufhin konsultiere ich meinen Steuerberater und der erklärt mir, man habe ihm mitgeteilt, ich sei turnusmäßig dran und ich solle die Belege der vergangenen Jahre schon mal zusammensuchen. Da mein Büro fast immer aufgeräumt ist, kann ich diese Arbeit nach weniger als zehn Minuten abhaken. Die Unterlagen lege ich dem Steuerberater vor, da der alles noch einmal durchsehen will.

„Der Steuerprüfer hat angedeutet, dass Sie wohl so einiges nachzahlen müssen. Sie können aber demnächst selbst mit ihm sprechen, um Licht ins Dunkel zu bringen. Machen Sie sich keine Sorgen. Es wird sich alles finden."

Ein paar Tage später sitze ich dem Steuerprüfer gegenüber.

„Sie haben glasklar Steuern in erheblichem Umfang hinterzogen. Würden Sie sich bitte dazu äußern?"

„Ich bin mir keiner Schuld bewusst. Ich habe, wie Sie den Unterlagen entnehmen können, regelmäßig meine Steuern bezahlt."

„Nein, haben Sie nicht. Sie haben Heilbehandlungen erbracht und die Einnahmen, die Sie damit erzielt haben, nicht in vollem Umfang versteuert. Für etliche Einnahmen können Sie keine stichhaltigen Belege vorweisen. Hier ist eine Fragenliste. Bitte arbeiten Sie die schnellstens ab."

Sofort spreche ich mit meinem Steuerberater über die Angelegenheit und auch der kann sich keinen rechten

Reim darauf machen. Er empfiehlt mir aber dringend, den Anweisungen des Steuerprüfers Folge zu leisten.
Ich fahre sofort zur Bank und bitte einen Mitarbeiter um Hilfe. Er sagt zu, sofort an die Arbeit zu gehen und fehlende Belege herauszusuchen. Schon zwei Tage später kann ich alle Unterlagen abholen.
Erneut sitze ich dem Steuerprüfer gegenüber. Er blättert die Belege durch und freut sich über die schnelle Abarbeitung.
„Na, da haben Sie sich aber beeilt, Herr van Herste."
„Ich habe mir Mühe gegeben."
„Sagen Sie mal, haben Sie schon einmal vor Gericht gestanden?"
„Ja. Angeblich hätte ich Titelmissbrauch begangen und unerlaubte Heilbehandlungen verabreicht und ein anderes Mal habe ich jemanden wegen Verleumdung verklagt. Wieso fragen Sie mich das?"
Er macht ein trauriges Gesicht.
„Uns ist auch schon einmal so etwas passiert. Mein Sohn ist ein begnadeter Musiker und spielt nicht nur etliche Instrumente selbst, sondern komponiert und textet auch noch dazu.
Er wurde gefragt, ob er in einer bekannten Band mitspielen wolle und hat zugesagt. Was er nicht wusste war, dass man ihn gegen einen anderen Musiker austauschen wollte. Dieser andere Musiker war natürlich nicht begeistert und hat meinen Sohn wegen Urheberrechtsverletzung angezeigt. Der Mann hat behauptet, mein Sohn hätte einige Lieder, unter anderem auch seine, geklaut und für seine eigenen ausgegeben.

Noch vor der Gerichtsverhandlung liefen die ersten Gerüchte in unserem Dorf hoch und runter und der eine oder andere fing an, uns zu meiden. Und obwohl mein Sohn während der Verhandlung beweisen konnte, dass der Mann ihn zu Unrecht beschuldigt hatte, und freigesprochen worden war, halten noch heute Leute Abstand zu uns und tuscheln hinter unserem Rücken."
„Tja, der Neid ist allgegenwärtig."
„Mir wurden Kopien von Gerichtsakten anonym zugesandt aus denen hervorgeht, dass Sie unerlaubte Heilbehandlungen verabreicht hätten. Daraus muss ich schließen, dass Sie nicht alle Einnahmen gegenüber dem Finanzamt ordnungsgemäß angegeben und versteuert haben.
Obendrein haben Sie viele hunderttausend Euro als Ausgaben angesetzt, ohne dass ein entsprechender Gewinn ausgewiesen wurde. Deshalb muss ich Ihre Arbeit als Buchautor als Liebhaberei bewerten. Das heißt, Sie müssen demnächst etwas über hunderttausend Euro an Steuern nachzahlen."
„Ich habe weder unerlaubte Heilbehandlungen verabreicht, noch Steuern hinterzogen. Die Ausgaben resultieren aus dem Verlust, den meine Verleger mir hinterlassen haben. Sehen Sie, hier sind die Einzahlungsbelege für meine Barumsätze und dort ist der Verlagsverlust ausgewiesen."
Ich zeige ihm die Belege und auch das Schreiben vom Insolvenzverwalter.
„Gut, dass Sie mich darauf hinweisen. Diese Belege habe ich offensichtlich falsch bewertet und das Insolvenz-Schreiben lag mir bisher nicht vor."

„Fragen Sie einfach meinen Steuerberater. Der wird Ihnen meine Angaben bestätigen."
Er verlässt kurz das Büro und befragt meinen Steuerberater. Da der selbst von Holgers und Dörtes Pleiten betroffen ist, kann er Informationen aus erster Hand liefern. Als der Prüfer wieder im Büro erscheint, hat sich das Verhalten mir gegenüber um hundertachtzig Grad gedreht. Plötzlich ist er äußerst freundlich zu mir.
„Entschuldigen Sie mein Misstrauen, Herr van Herste, aber Sie glauben gar nicht, was mir manche Leute täglich so unterjubeln wollen.
Die Verluste erkenne ich voll an. Damit haben Sie den Verwurf, Steuerhinterziehung begangen zu haben, in vollem Umfang entkräftet. Mit der unerlaubten Heilbehandlung werde ich mich noch einmal ausgiebig befassen. Ich werde mich bei Ihnen melden, wenn ich zu einem abschließenden Ergebnis gekommen bin."

Mit bangem Gefühl fahre ich zur Buchmesse nach Leipzig. Ich habe einen Vortragstermin in einem Forum und will den wegen der Steuergeschichte nicht absagen. Allerdings muss ich mich ziemlich zusammenreißen, um nicht dauernd den Faden zu verlieren. Die Verleumdungsaktionen und die daraus resultierenden Nachwehen setzen mir scheinbar doch mehr zu, als ich vermutet hätte.
Obwohl ich zwei oder drei Mal ins Stocken gerate, bekomme ich viel Applaus aus dem vollen Forum. Zwei Männer und eine Frau, die mehrmals versuchen, meinen Vortrag zu stören, werden von den anderen Zuschauern zum Schweigen gebracht. Ein weiterer Mann fixiert mich

die ganze Zeit, als wolle er mich hypnotisieren. Ich lasse mich nicht beirren und rede einfach weiter. Nachdem ich meinen Vortrag beendet habe, bitte ich eine Frau auf die Bühne, die von ihrem selbst erlebten Missbrauch erzählt. Danach stellen wir uns vor dem Forum den Fragen des Publikums.
Plötzlich gibt es ein paar Meter von uns entfernt einen kleinen Tumult. Mehrere laut schreiende Frauen werden von Zuschauern abgedrängt. Ich lasse meine Gesprächspartner stehen und haste zu meiner Klientin hinüber. Als ich sie erreiche, ist schon alles vorbei.
„Was war denn los?"
„Vier Frauen aus dem Publikum haben versucht, mich anzugreifen. Die sind doch völlig irre. Die haben an meiner Jacke rumgezerrt und mir lautstark vorgeworfen, ich würde alle Väter zu Tätern abstempeln wollen. Es gäbe schließlich viele Arten von Sexualität zwischen Vätern und Töchtern und einige seien doch gar nicht so schlimm. Aus Liebe würden Väter halt mal mit ihren Töchtern schlafen. Obendrein hätte ich nicht erwähnt, dass es auch Täter gäbe, die eine schlechte Kindheit hätten erleben müssen. Und das müsse man ebenfalls berücksichtigen.
Ich bin froh, dass sofort ein paar Zuschauer dazwischen gegangen sind und mich abgeschirmt haben."
Es dauert eine kleine Weile, bis sie sich beruhigt hat. Einige Zuschauer sind stehen geblieben und klopfen uns aufmunternd auf die Schultern. Sie ermahnen uns, aufgrund solcher Zwischenfälle nicht aufzugeben. Solche Frauen dürfe man nicht ernst nehmen. Das seien sicherlich Täterinnen oder Mittäterinnen, die Angst vor Ent-

deckung hätten. So viel Zustimmung gibt uns neuen Mut.
Schon am nächsten Tag bekomme ich viele Emails, in denen mir für den guten Vortrag gedankt wird. Viele aufmunternde und Mut machende Worte kann ich da lesen und das freut mich natürlich sehr.

Der Steuerprüfer lädt erneut zu einem Gespräch.
„So, Herr van Herste, jetzt wollen wir mal hier zum Ende kommen. Ich habe mir Ihre Sachen noch einmal genau angeschaut."
„Und? Nun spannen Sie mich nicht noch lange auf die Folter. Was ist dabei herausgekommen?"
„Also, ich bin zu dem Ergebnis gekommen, dass Sie sich keines Steuervergehens schuldig gemacht haben.
Ich habe die letzten fünf Jahre durchforstet und bin nur auf ein paar Kleinigkeiten gestoßen, die aber eigentlich nicht der Rede wert sind. Fehler können schließlich jedem mal unterlaufen. Ich habe alles zusammengerechnet. Sie müssen insgesamt etwa zweitausend Euro nachzahlen. Das ist eine Summe, die in etwa der Nachzahlungshöhe anderer Steuerprüfungen bei Ihrer Betriebsgröße entspricht. Also, alles im grünen Bereich.
Das Finanzamt wird Ihnen demnächst eine Rechnung schicken und wenn Sie diese bezahlt haben, ist das hier Geschichte.
Lassen Sie sich nicht unterkriegen. Das lohnt sich nicht."
Erleichtert verlasse ich den Mann und spreche mit der Filialleiterin meiner Bank. Ich muss für die Steuernachzahlung etwas Geld locker machen und sie soll mir dabei helfen. Gerade als ich ihr gegenübersitze, klingelt

mein Handy. Eine Verwandte ist dran und erklärt mir, dass sie mir etwas von ihrer Erbschaft abgeben wolle, da ich ihr in der Vergangenheit mehrmals aus der Klemme geholfen hätte. Als ich die Summe erfahre, kann ich das Gespräch mit meiner Bankerin auf der Stelle abbrechen. Das Geld von meiner Cousine dritten Grades reicht genau für die Steuernachzahlung.

Die Bankerin setzt ein gespielt böses Gesicht auf.

„Mein lieber Mann. Das kann ich Ihnen sagen. Solche Telefonate liebe ich gar nicht. Wie soll ich denn Zinsen eintreiben, wenn alle Kreditantragsteller plötzlich von einem unerwarteten Geldsegen heimgesucht werden?"

Dieser Zuschuss macht mich wirklich froh. Die ununterbrochenen Verleumdungen haben dazu geführt, dass einige Patienten nicht mehr zu mir in die Praxis kommen und auch der Bücherverkauf etwas verhaltener, als sonst, abläuft. Hätte ich nicht so viele auswärtige Patienten, denen die üble Nachrede nichts ausmacht, könnte ich die Praxis dichtmachen.

Meine Frau und ich haben in den vergangenen Monaten mehrfach darüber nachgedacht, die Praxis zu verlegen. Wir haben mehrere Angebote aus dem gesamten Bundesgebiet und der Schweiz vorliegen. Auch in den USA würde man uns mit Kusshand nehmen, aber wir bleiben an Ort und Stelle, da der Ort direkt im Mittelpunkt unseres norddeutschen Einzugsgebietes liegt und von allen Seiten gut erreichbar ist.

Ein paar Tage später treffe ich eine Freundin.
„Mensch, Hansi, du glaubst nicht, was mir passiert ist."
„Na, dann erzähl mal."
„Unsere gemeinsamen Freunde haben mich angerufen."
„Nanu, das trauen die sich?"
„Stell dir vor, Michael hat mir weismachen wollen, du hättest alle ins Verderben gestürzt. Obendrein wäre ich doch dabei gewesen, wie du uns Frauen zum Lesbensex gezwungen hättest. Er wolle nun deinen Machenschaften ein für alle Mal einen Riegel vorschieben und ich solle ihm dabei helfen und ihm als Zeugin zur Verfügung stehen.
Ich habe ihn gefragt, ob er noch alle Tassen im Schrank hätte. Seinen Rachefeldzug könne er sich an den Hut stecken. Der hat doch wirklich geglaubt, er könnte mich für sich einspannen, der Idiot. Ich leihe ihm und seiner Dörte viel Geld. Die beiden machen Pleite und ich gucke in die Röhre und dann so was? Ich glaube, ich spinne. Mit solch einem Gesindel habe ich nichts mehr zu schaffen."
Zwei Wochen später erhält auch sie Post vom Finanzamt. Man wirft ihr vor, Steuern in erheblichem Umfang hinterzogen zu haben. So ein Zufall, nicht wahr? Allerdings geht auch diese Kampagne in die Hose, da unsere Freundin keine Steuern hinterzogen hat.
Ein weiterer Vereinskollege, der sich weigert, gemeinsam mit Dörte & Co gegen mich vorzugehen, wird ebenfalls nach wenigen Wochen vom Finanzamt heimgesucht.
Bist du nicht mein Freund, so bist du mein Feind.

Ein paar Vereinsmitglieder haben sich mit meiner Unterstützung fortgebildet und leitende Positionen z. B. in der Altenpflege erreicht. Ich hatte schon lange vor, ein Altenheim zu eröffnen, in dem es human zugeht, da die Zustände in vielen Heimen mit den Menschenrechten kaum vereinbar sind.
Als wir die Chefetage komplett haben, suchen wir meinen Steuerberater auf. Der kennt einen Kollegen, der sich auf Altenheime spezialisiert hat. Dem Mann erklären wir unser Anliegen und er ist sofort dabei. Das Konzept sei sehr gut und müsste eigentlich gut funktionieren. Sollte sich unser Konzept herumsprechen, müssten wir uns um unsere Zukunft keine Sorgen mehr machen.
Wir konsultieren meine Bankerin und erklären ihr unser Anliegen. Sie erklärt, dass sie über die Finanzierung eines so großen Betriebes nicht allein entscheiden dürfe. Sie selbst sei sehr interessiert, da sie unser Konzept für einleuchtend, zukunftsweisend und obendrein sehr human hielte.
Sie macht einen Termin mit ihrem Vorgesetzten aus. Wir fahren hin und erfahren erst vor Ort, dass der zuständige Bankmitarbeiter krank ist. Mein ehemaliger Filialleiter, der jetzt in der Bankzentrale arbeitet, übernimmt und dementsprechend verläuft das Gespräch. Alle bemerken sofort, dass er mir nicht wohl gesonnen ist. Die Spannung zwischen uns ist deutlich zu spüren und mir wird in dem Moment schon klar, dass wir hier keinen Blumentopf gewinnen können.
Ein paar Tage später bekommen wir eine Absage. Wir hätten auf unseren Fachgebieten zu wenig Ahnung und so müsse er von einer Zusage absehen. Er bittet aber alle

noch einmal zu sich, um die Absage erläutern und Tipps geben zu können. Er teilt den anderen mit, dass ich bei dem Gespräch nicht zugegen sein solle.
So suchen die Heimleiterin, die Pflegedienstleiterin und die Hauswirtschaftsleiterin noch einmal die Hauptstelle der Bank auf, um sich die weisen Worte des leitenden Mitarbeiters anzuhören. Im Grunde genommen wiederholt er nur das, was er uns in seinem Schreiben schon mitgeteilt hat.
Als er seine Akten durchblättert, fällt der Pflegedienstleiterin ein bunter Zettel auf. Sie schaut genau hin und stellt fest, dass es sich um die Kopie eines Artikels aus einer Frauenzeitschrift handelt, in dem ich als gefährlicher Sektenführer bezeichnet werde.
Nach der Besprechung verlassen alle die Bank. Erst auf dem Rückweg fällt der Pflegedienstleiterin der Zettel wieder ein und sie teilt ihre Beobachtung den anderen mit. Kaum zu Hause angekommen, ruft die Heimleiterin den Banker an und fragt ihn nach der Kopie.
Der hatte wohl nicht mit der Entdeckung des Zeitschriftenartikels in seinen Unterlagen gerechnet und ist erst einmal still am Telefon. Nach der Pause redet er dann doch noch.
„Der Artikel hat mit Ihrer Anfrage nichts zu tun. Den Inhalt des Artikels würde ich als absurd bezeichnen. Den hat man mir anonym zugespielt.“
Nach ein paar Stottersätzen beendet sie das Gespräch. Feiglinge soweit das Auge reicht.
Wir teilen dem Fachsteuerberater die Entscheidung des Bankers mit. Der ist höchst erstaunt, da sowohl Konzept als auch Rentabilitätsberechnung einen überaus positi-

ven Eindruck hinterlassen haben. Er verspricht, sich um eine andere Bank oder einen Investor zu bemühen.
In der Zwischenzeit besichtigen wir schon mal ein Grundstück. Es liegt nicht weit von meiner Praxis entfernt und ist wie geschaffen für unser Projekt. Der Eigentümer ist bereit, es an uns zu verkaufen und so machen wir die ersten Pläne.
Als nächstes suchen wir das Rathaus auf, um uns über den Bebauungsplan zu informieren. Es findet ein Gespräch mit den zuständigen Gemeindemitarbeitern statt. Wir erläutern unser Konzept und stellen unsere Pläne vor. Der Bauamtsleiter ist überzeugt und sagt uns seine Unterstützung zu. Freudig verlassen wir das Rathaus. Langsam nimmt unser Vorhaben Gestalt an.
Obwohl wir Stillschweigen mit dem Banker und den Gemeindemitarbeitern vereinbart hatten, kommen plötzlich die ersten Gerüchte auf. Im Ort existiert bereits ein Altenheim, das aber nicht sonderlich beliebt ist. Der Inhaber setzt plötzlich Anzeigen in die Lokalzeitung, in denen er eine Modernisierung, Tage der offenen Tür und ein allgemeines Kaffeetrinken ankündigt.
Der Buschfunk funktioniert also prächtig. Und wenn man schon gemeinsam kegelt, kann man es natürlich kaum verhindern, dass man sich mal verplappert, nicht wahr? Wem ist so etwas noch nicht passiert? Da sitzt man in froher Runde, hat ein paar Bierchen zu viel gekippt und schon lässt man mal – natürlich ganz ohne Hintergedanken – ein paar Infos los.

Ich treffe den Bürgermeister und spreche ihn auf die Sektengerüchte an. Er teilt mir unumwunden mit, dass er Kenntnis davon besitzt. Er sei mehrmals auf meine Person und mein schändliches Treiben hin angesprochen worden und man hätte ihm zusätzlich den Film geschickt, um ihn über mich ins Bild zu setzen. Auch über die Sache mit dem Titelmissbrauch hätte man in informiert.
Ich frage ihn nach seiner Haltung dazu.
„Mein lieber Hansi! Dir muss doch klar sein, dass ich in deiner Gegenwart keine Aussage dazu machen kann. Ich bin schließlich der Bürgermeister und kann mich nicht sehr weit aus dem Fenster lehnen."
Durch diese Aussage wird mir schlagartig klar, auf welcher Seite er steht.
„Mein lieber Dieter! Unter diesen Umständen werden wir hier im Ort natürlich kein Altenheim dieser Größenordnung bauen. Warum sollten wir viele Millionen Euro investieren, um dann ruckzuck wieder schließen zu müssen, weil man unseren Bau als Sektenheim bezeichnen wird?"
Er zuckt nur mit den Schultern.
„Obendrein werden wir jetzt keine Arbeitsplätze schaffen. Überleg mal, wie viel Brot, Wurst und Fleisch wir hier vor Ort gekauft hätten. Von den zu erwartenden Steuern einmal ganz abgesehen. Installateure, Tischler, Zimmerleute und sonstige Handwerker hätten wir beschäftigt."
Erneut zuckt er nur mit den Schultern. Ich sitze ihm gegenüber und kann es nicht glauben. Aber es ist Realität.

Obwohl ich den Mann seit Jahrzehnten kenne, wir sogar früher einmal Nachbarn waren, läuft er offensichtlich der Verleumdungs-Kampagne hinterher. Plötzlich klingelt sein Telefon und er muss mich verabschieden. Natürlich ist das mit seiner Sekretärin abgesprochen. Er hatte nämlich kurz zuvor so ganz nebenbei auf einen Knopf an seinem Telefon gedrückt.
Kurze Zeit später kommt es zu einem Gespräch mit einem Investor. Auch er ist von unserem Konzept sehr angetan und sagt uns Unterstützung zu. Wir erzählen ihm unumwunden von den Vorfällen in der nahen Vergangenheit. Es ist mir lieber, wir bringen die unliebsamen Themen gleich auf den Tisch, als hinterher den großen Katzenjammer zu erleiden.
Der Investor hört sich unsere Vorträge in aller Ruhe an. „Mich interessieren solche Gerüchte nicht sonderlich. Feiglinge und Neider hat es schon immer gegeben. Jeder, der einen Betrieb aufziehen will, hat mindestens drei Leute gegen sich. Würde ich Gerüchten dieser Art nachhängen, hätte ich in meinem Leben noch nicht einen einzigen Betrieb hochgezogen. Vergessen Sie diesen Müll einfach und kümmern Sie sich um Ihr Vorhaben."
Es folgen noch mehrere Gespräche und die Sache kommt tatsächlich ins Rollen. Der Mann schlägt sogar vor, das Ganze noch etwas größer aufzuziehen, da er die Ansicht vertritt, dass wir uns mit diesem grandiosen Konzept niemals wieder Sorgen um unsere Zukunft machen müssten.
Obwohl er uns einen anderen Standort vorschlägt, um unser Heim doch noch bauen zu können, geben wir auf. Keiner von uns hat noch Lust, einen solchen Betrieb

aufzuziehen. Obendrein haben wir es mehrfach erlebt, dass die Gerüchte uns folgten, egal, wo wir uns aufhielten.

Ein paar Tage später erklärt mir eine neue Mitarbeiterin, dass sie von einer Frau aus der Nachbarschaft auf meine Sektentätigkeit hin angesprochen worden sei. Obwohl meine Mitarbeiterin noch nicht lange bei mir arbeitet, kennen wir uns schon viele Jahre, da sie zuvor schon als Patientin bei mir war. Sie weiß um die Gerüchte und glaubt diesen Blödsinn nicht nur nicht, sie verteidigt mich und meine Arbeit sogar, da sie selbst als kleines Mädchen mehrfach sexuell missbraucht worden war. Das nimmt sie zum Anlass und tritt unserem Verein bei. Jetzt erst Recht! Das ist ihre Devise. Sie will diesen Leuten nicht das Feld überlassen.
Ich frage sie nach dem Namen der Verleumderin und stelle fest, dass ich diese Frau gar nicht kenne. Wir sind uns nie persönlich begegnet. Ich biete ihr ein Gespräch an. Das wird aber rundheraus abgelehnt, da sie schon alles weiß und mir sowieso nicht glauben würde. An jedem Gerücht sei schließlich etwas Wahres dran.

Ich bin seit Jahrzehnten in dem Ort selbstständig und kenne viele Leute dort. So bleibt es nicht aus, dass ich beim Einkaufen mal den einen oder anderen treffe. Während mir die meisten Menschen wohlwollend gegenübertreten und immer wieder sagen: „Mach weiter! Lass dich nicht beirren!", werde ich von ein paar wenigen beobachtet. Jede meiner Bewegungen wird genau registriert und kommentiert. Fahre ich ein neues Auto, ist das natürlich vom Sektengeld, dass ich armen Frauen abgepresst habe, bezahlt worden. Die Schuhe habe ich der einen abgeschwatzt und das Grillfleisch einer anderen. Es ist grotesk, aber trotzdem Realität.

Meine neue Mitarbeiterin töpfert gern. Sie macht das sehr gut und hat durch die Töpferei viele Menschen kennen gelernt. Einer dieser Menschen ist der Bezirksvorsitzende der Reiterverbände. Eines Tages nimmt er sie beiseite und warnt sie vor mir. Er hätte aus dem Sekretariat des Oberbürgermeisters einer nahen Stadt den Hinweis bekommen, ich sei ein gefährlicher Sektenführer.
Sie erklärt ihm, dass sie mich schon viele Jahre gut kennen und es sich bei dieser Information um eine glatte Lüge, um eine Verleumdung handeln würde. Er lässt nicht locker, da er Angst um sie hat, und bittet sie, ihn zu Haus zu besuchen. Dort zeigt er ihr den Schmähfilm über mich, der ihm vom oben erwähnten Oberbürgermeister zugesteckt worden war.
Gleich am nächsten Morgen erzählt sie mir davon
„Ich war total erschüttert. Wer dich nicht kennt, der wird dich nach dem Film wirklich für ein Sex-Monster halten. Monika und Holger haben sich nur von hinten filmen lassen, da sie angeblich Angst vor dir und deinen Spießgesellen hätten. Von dir selbst haben die nur drei kleine Szenen gezeigt und dich nach einem Halbsatz wieder ausgeblendet. Die Aufnahmen von dir haben die Fernsehleute völlig aus dem Zusammenhang gerissen. Und eine Frau von einer Sektenstelle hat vor dir und deinen Machenschaften mehrfach gewarnt.

Ich war total erschüttert, musste dann aber doch lachen, als man deinen Cousin, den ich ja ebenfalls schon lange kenne, als deinen Body-Guard präsentiert hat. Da habe ich bei mir gedacht, da haben die aber wirklich jede Untiefe mitgenommen, um dir eins reinzuwürgen.
Ich hätte nie für möglich gehalten, dass es Menschen gibt, denen du aus dem Elend geholfen hast und die dir dann dermaßen an die Karre fahren.
Wie wäre es denn, wenn du dich mit dem Bezirksvorsitzenden des Reitvereins einfach mal so triffst. Vielleicht könnte man mit einem solchen Gespräch ein paar Unklarheiten aus der Welt schaffen. Der kennt doch Gott und die Welt. Ich werde ihn einfach mal fragen."
Und ein kleines Wunder geschieht: der Mann will mich tatsächlich treffen.
Eines Abends sitzen wir in der Praxis zusammen und er befragt mich nach dem Inhalt des Filmes. Seine Frau ist ebenfalls zugegen und nickt mir mehrmals freundlich zu. Als die wahren Hintergründe ans Tageslicht kommen, sind beide erleichtert und sauer zugleich.
Die Frau erklärt, sie hätte gleich vermutet, dass da etwas nicht stimmen könne. Es sei doch unlogisch, dass ich mich so lange mit meiner Praxis in einem Ort halten könnte, wenn die Vorwürfe wirklich zuträfen. Obendrein sei es noch unlogischer, dass die armen „Aussteiger" noch immer quietschfidel in unserem Gemeinschaftshaus wohnen würden, obwohl sie sich doch von uns so sehr bedroht fühlen.
Immer wieder fragen die beiden nach und so muss ich Stück für Stück die ganze Geschichte von vorne bis hinten erzählen. Anschließend berichtet der Bezirksvorsit-

zende über eigene Erfahrungen. Auch er sei massiv verleumdet worden und auch ihm hätte man in Presse und Fernsehen das Wort im Munde umgedreht. Er würde das also selbst gut kennen. Diese Verdrehungen wären gar nicht selten und auf der Jagd nach Einschaltquoten sehr beliebt.

Die beiden bedanken sich für das ausführliche Gespräch und ermuntern uns weiterzumachen.

„Lasst euch von diesen Idioten nicht kleinkriegen!"

Meiner Mitarbeiterin wird mitgeteilt, dass sie einen prima Chef hätte und sich nun niemand mehr Sorgen machen müsse. Es ist fast Mitternacht, als sie sich verabschieden.

Ein paar Tage später werden sie erneut in meiner Praxis vorstellig, um sich von mir behandeln zu lassen.

„Kein Arzt hat es bisher geschafft, unsere Knie schmerzfrei zu bekommen. Du bist der erste, der das hingekriegt hat.

Ach, übrigens, ich habe diese Sektentante mal angerufen und sie gefragt, was sie denn wirklich gegen dich in der Hand hätte. Ich habe ihr gesagt, dass, wenn ihre Informationen der Wahrheit entsprächen, man dich doch eigentlich strafrechtlich verfolgen müsste. Immerhin werfen dir diese Leute Straftaten vor."

„Und, was hat sie gesagt?"

„Die Beweise gegen dich würden nicht ausreichen. Ach so, habe ich gesagt, aber verleumden geht auch ohne Beweise. Weiter habe ich sie gefragt, warum sie dich nicht vor dem Filmdreh kontaktiert hätte, da es doch eigentlich zum guten Umgangston gehört, dass man beide Seiten hört. Nein, hat sie gesagt, das müsse sie nicht. Die In-

formationen, die man ihr zugetragen hätte, hätten schon ein klares Bild von dir gezeichnet. Sie würde den Opfern glauben.
Daraufhin habe ich ihr gesagt, dass ich solche Vorgehensweisen nur als unprofessionell bezeichnen könne und dass mir nun endgültig klar ist, dass es nicht darum ging, reale Ereignisse darzustellen, sondern nur darum, dir zu schaden.
Sie ist es offenbar nicht gewohnt, dass man Klartext mit ihr redet und ihre Machenschaften kritisiert, da sie immer stiller wurde und zum Schluss zugeben musste, dass wohl nicht alles richtig gelaufen sei. Aber trotzdem würde sie dich für einen gefährlichen Sektenführer halten, vor dem man die Welt warnen müsste.
Ich glaube, die habe ich schon gut zu fassen gekriegt. Ich denke nicht, dass die sich noch mehr traut."
Der Kontakt zu den beiden ist bis heute nicht abgerissen.

Monika fühlt sich wie ein Filmstar. Sie schreitet nicht mehr in ihrem Miniröckchen über den Hof, sie schwebt. Eines Tages kommt es zur Konfrontation. Ich bin zum Rasen mähen gekommen und fahre den Rasentrecker aus der Garage. Sie hat mein Kommen sofort registriert und sich in Position gebracht. Ich habe das Garagentor noch nicht ganz geschlossen, da kommt sie, mit einer Decke unter dem Arm, die Treppe herunter.
Stolz schwebt sie an mir vorbei, stapft durch das hohe Gras, breitet mitten auf der Wiese ihre Decke aus und legt sich darauf. Sie gibt vor, zu schlafen. Ich lasse mich nicht beirren und fange an zu mähen. Als ich auf der

großen Runde an ihr vorüberkomme, fahre ich einen Bogen, um ihr nicht zu nahe zu kommen.
Plötzlich springt sie auf und schimpft auf mich ein.
„Mach das Ding aus! Ich will jetzt hier schlafen! Du willst mich mit deinem Mäher überfahren und zerstückeln! Ich rufe gleich die Polizei!"
Da ich sie bei dem Lärm, den der Mäher verursacht, nicht richtig verstehen kann, fahre ich ein Stück auf sie zu. Obwohl ich nicht vorhabe, sie über den Haufen zu fahren und obendrein noch viele Meter von ihr entfernt bin, springt sie zur Seite und schimpft wie ein Rohrspatz.
Ich rufe ihr zu: „Was willst du eigentlich von mir?"
Wie von Sinnen schimpft sie weiter. Ich kann allerdings immer nur Wortfetzen verstehen. Okay, denke ich, wenn sie nicht in der Lage ist, mir ihr Problem vernünftig zu schildern, mähe ich einfach weiter. Ich will ja schließlich heute noch fertig werden.
Holger beobachtet die Szene, ohne allerdings einzugreifen. Sein Herz schlägt so kräftig, dass ich es durch den Stoff seines Hemdes sehen kann. Der hat also offensichtlich die Hose voll und keine Lust, sich mit mir anzulegen. Monika krampft entrüstet, und weiterhin schimpfend, ihre Decke zusammen und stapft die Treppe hinauf zu ihrer Wohnung. Holger drückt sich großräumig an mir vorbei und folgt ihr hastig.
Ich spreche mit den anderen Bewohnern des Hauses und die berichten mir, dass Monika häufiger solche Ausraster hinlegt und einige richtig Angst vor ihr haben und sich nicht mehr aus dem Haus trauen, wenn beide oder einer der beiden sich in Hof und Garten sehen lässt. Ich

erkläre ihnen, dass es besser ist, sich zu wehren, anstatt den Kopf in den Sand zu stecken. Ohne Gegenmaßnahmen würden die zwei ruckzuck das Regiment über das ganze Anwesen übernehmen.

Hat früher unsere Lokalzeitung eine ganze Serie über mich, meine Reisen und meine Unternehmungen gebracht, so werde ich seit ein paar Monaten absolut ignoriert. Der Chefredakteur fordert mich mehrfach auf, ihm Informationen zu liefern, da die Berichte über mich ein großes und positives Echo ausgelöst hätten.
Wieder und wieder schicke ich ihm Unterlagen als Datei auf CD, Artikel dazu erscheinen allerdings nicht. Eines Tages treffen wir in einem Laden zufällig aufeinander und wieder bittet er mich um Informationen. Ich erkläre ihm, dass ich ihm inzwischen vier CDs mit Neuigkeiten geschickt hätte. Er ist ganz erstaunt und teilt mir mit, dass er nie eine CD bekommen hätte. Er würde sich darum kümmern.
Schon am nächsten Morgen ruft er mich an.
„Eine meiner Mitarbeiterinnen hat deine CDs abgefangen und vernichtet. Sie hat mir erzählt, dass sie irgendwann einmal mit dir telefoniert hätte. Du hättest sie mit deiner Art dermaßen erschreckt, dass sie seitdem Angst vor dir und deiner angeblichen Sekte hat. Deshalb hätte sie eine Veröffentlichung verhindern wollen. Der habe ich aber den Marsch geblasen. Manche Leute spinnen einfach. Da kann man wohl nix machen.
Ich werde demnächst einen Artikel über dich veröffentlichen und mit all diesem Verleumdungs- und Sekten-Quatsch ein für alle Mal aufräumen. Es ist eine Schande,

was einige Leute mit dir veranstalten. Wer, außer ein paar Kinderschändern, könnte wohl ein Interesse daran haben, dir zu schaden?"

Obwohl der Oberbürgermeister das Kopieren des Films untersagt hat, überlässt mir der Bezirksdirektor den Film, um ihn kopieren zu können. Ich lade den Verein in den Seminarraum unseres Gemeinschaftshauses ein und führe den Film vor. Wir schwanken zwischen Lachen und Weinen und uns wird klar, dass den Menschen, die uns nicht persönlich kennen, ein äußerst schlechtes Bild von mir vermittelt wird. Die Aussagen von Monika und Holger sind grotesk. Auch die Kommentare der Sektenstellenmitarbeiterin triefen vor Unkenntnis und Abscheu. Von dem dreistündigen Interview mit mir sind wirklich nur drei Sätze drin und die Kameraeinstellung ist so gewählt, dass ich überheblich und großkotzig erscheine. Mit einer Berichterstattung nach dem Presse-Kodex hat dieser Film bestimmt nichts zu tun.
Die Bewohner des Gemeinschaftshauses sind dermaßen erbost, dass Holger und Monika ab jetzt nichts mehr zu lachen haben. Sobald sie den Hof betreten, werden sie nach ihren Äußerungen, die sie im Film getätigt haben, befragt. Man bemerkt sofort, dass ihnen die Sache peinlich ist und sie versuchen, sich zu rechtfertigen. Die Äußerungen hätten sie so nicht gemeint und die Sektenstelle sei Schuld und der Redakteur und, und, und. Aber auf der anderen Seite sei ich nun mal ein Sektenführer und hätte sie ins Unglück gestürzt und das ließen sie sich auch nicht ausreden.

Die Bewohner lassen sich nicht beirren oder gar einschüchtern und inzwischen sind es die beiden, die sich nicht mehr aus ihrer Wohnung trauen. Es ist einfach, Menschen aus dem Verborgenem heraus zu attackieren, zu denunzieren und fertig zu machen. In der direkten Konfrontation ist plötzlich Mut gefragt, und damit hapert es offensichtlich bei unseren lieben „Freunden".

Da ich den Film nun endlich selbst gesehen habe und weiß, welche Personen versuchen, mir das Leben schwer zu machen, ziehe ich meine Konsequenzen daraus. Ich informiere meinen Anwalt darüber, dass ich meinen Motorroller, den ich Monika geliehen habe, zurückhaben möchte. Er teilt ihr das schriftlich mit. Eine persönliche Ansprache hätte den Weg zwar verkürzt und wäre auch wesentlich billiger gewesen, aber da sich Monika angeblich von mir bedroht fühlt, wähle ich diesen Weg.
Anstatt von ihr direkt eine Antwort zu bekommen, schreibt die Sektenstelle an meinen Anwalt.
„Der Motorroller war ein Geschenk. Deshalb wird unsere Klientin, Frau Monika XY das Fahrzeug selbstverständlich behalten. Offensichtlich haben Sie, Herr Anwalt, noch nicht erkannt, wen Sie vertreten. Herr van Herste ist ein gefährlicher Sektenführer, der Frauen zum Lesbensex zwingt und finanziell ruiniert."
Mein Anwalt geht auf die Verleumdung nicht ein und setzt Monika eine Frist. Plötzlich kommt Post von einer Anwältin. Diese schreibt, der Roller sei ein Geschenk und würde nicht herausgegeben.
Mein Anwalt setzt der Anwältin eine weitere Frist.

In der Zwischenzeit habe ich den Roller besichtigt. Er fristet ein gar kärgliches Dasein in einem Schuppen und ist nur notdürftig mit einem alten Bettlaken abgedeckt. Der TÜV ist seit Jahren abgelaufen und das ganze Fahrzeug macht einen sehr vergammelten Eindruck. Ich mache Fotos und stelle fest, dass Holger das Nummernschild, das noch drei Tage zuvor am Heck vorhanden war, abgeschraubt hat. Ich vermute, dass Monika den Fahrzeugbrief bei der Zulassungsstelle als vermisst gemeldet und widerrechtlich einen neuen beantragt hat.
Da von der Gegenseite keine Antwort kommt, bitte ich meinen Anwalt, Klage einzureichen. Nach ein paar Wochen erscheinen wir vor Gericht, um dem ganzen Theater nun endlich ein Ende zu bereiten.
Zuerst wird Monika vom Richter zu dem Fall befragt.
„Herr Richter, Herr van Herste hat mir den Roller geschenkt."
„Können Sie mir den Fahrzeugbrief vorlegen?"
Sie geht nach vorn und überreicht ihm einen Fahrzeugbrief.
„Und das ist jetzt der originale Fahrzeugbrief?"
„Nein, das ist ein Ersatzbrief."
„Wo haben Sie den her?"
„Von der Zulassungsstelle. Dort habe ich den Originalbrief als vermisst gemeldet."
„Waren Sie denn jemals im Besitz des Originalbriefes?"
„Ja."
„Und wo ist der geblieben? Immerhin handelt es sich dabei um ein amtliches Dokument."
„Der ist mir gestohlen worden."
„Aha, und von wem?"

„Von den Mitbewohnern unseres Hauses."
„Und wann soll das gewesen sein?"
„Das weiß ich nicht mehr."
„Herr van Herste hat mir den Originalbrief vorgelegt. Was sagen Sie dazu?"
„Er kann ihn haben."
„Was meinen Sie damit?"
„Er kann den Roller haben."
„Ach, nun auf einmal?"
„Ja."
Monikas Anwältin fällt aus allen Wolken und wirft ihrer Mandantin entrüstete Blicke zu.
„Was haben Sie da eben gesagt? Stimmt das, was der Herr Richter gesagt hat?"
„Ja."
Die Anwältin platzt fast vor Wut.
„Sie haben den Originalbrief als vermisst gemeldet und einen Ersatzbrief beantragt, obwohl Sie wussten, dass sich der Originalbrief im Besitz des Herrn van Herste befindet?"
„Er kann ihn haben."
Jetzt schaltet sich Holger ein.
„Aber nur, wenn er die Reparaturkosten übernimmt."
Jetzt platzt der Anwältin der Kragen und wir alle können erkennen, dass sie sich unglaublich zusammenreißen muss, um nicht vollends zu explodieren.
Der Richter ist ebenfalls irritiert und schaut mich fragend an. Mein Anwalt fragt, was der Spaß denn kosten solle. Wieder antwortet Holger.
„Mindestens fünf, äh, zweihundert Euro."

Holger tropft der Schweiß von der Stirn und als er bemerkt, dass er hier verloren hat, korrigiert er den Preis schnell ein wenig nach unten.
„Nun, Herr van Herste, was sagen Sie dazu?"
„Okay, hundert Euro werde ich bezahlen, mehr aber ganz bestimmt nicht."
Obwohl Holger protestieren will, nickt Monika, ohne ihren Ehemann anzuschauen.
„Gut, dann können Sie den Roller ja gleich noch übergeben. Der steht doch im Schuppen ihres Hauses, nicht wahr?"
Monika schweigt und Holger schaltet sich erneut ein.
„Nein, der steht beim Händler in der Werkstatt."
Jetzt platzt Monikas Anwältin endgültig der Kragen.
„Was geht hier eigentlich ab? Sie haben mir doch versichert, der Roller würde sich in einem 1A-Zustand befinden und im Schuppen stehen. Wieso steht der jetzt plötzlich in einer Werkstatt?"
Holger antwortet für Monika.
„Da musste so dies und das gemacht werden."
„Gut, und warum steht der jetzt immer noch beim Händler?"
„Weil wir die Rechnung noch nicht bezahlt haben."
„Dann sehen Sie zu, dass das bald geschieht. Andernfalls passiert ein Unglück."
„Ja, ja, wir werden ihn morgen liefern lassen."
Jetzt schaltet sich der Richter wieder ein.
„Gut, dann legen wir jetzt fest, dass der Roller spätestens übermorgen an Herrn van Herste übergeben wird."
Der Richter schaut mich an und ich nicke.

„Gut, dann haben wir das hier erledigt. Frau Anwältin, sorgen Sie bitte dafür, dass der Roller übermorgen von Ihrer Mandantin an den Kläger übergeben wird."
Die Anwältin nickt und wirft Monika böse Blicke zu. Offenbar haben die beiden auch sie angelogen. Zum Schluss startet sie noch einen letzten Versuch.
„Herr Richter, ich möchte noch anfügen, dass Herr van Herste die Kosten des Verfahrens zu übernehmen hat."
„Frau Anwältin! Das habe ich jetzt mal überhört. Wir wollen es jetzt dabei belassen, denn wenn sich herausstellen sollte, dass ihre Mandantin, aus wahrlich kriminellen Motiven, heraus einen Ersatzbrief beantragt hat, obwohl sie wusste, wo sich der Originalbrief befindet, dann wird einiges auf Ihre Mandantin zukommen. Zulassungsstellen mögen es im Allgemeinen nicht besonders, wenn man versucht, sie hinters Licht zu führen. Damit schließe ich diese Verhandlung."
Zwei Tage später wird mir der Roller von Holger übergeben. Monika ist nirgends zu sehen.

Drei Wochen später folgt die Rache auf dem Fuße. Das Gesundheitsamt meldet sich und teilt mir mit, ich hätte unerlaubte Heilbehandlungen vorgenommen. Wieder mal setze ich mich hin und erkläre mich und meine Tätigkeiten. Wochen später wird mir mitgeteilt, dass man mich wohl zu Unrecht beschuldigt hätte und die Sache vom Tisch sei.
Da ich auf einigen gerichtsbezogenen Gebieten inzwischen recht sattelfest geworden bin, weiß ich, dass ein Amt den Verleumder nennen muss, wenn sich herausstellt, dass die Anschuldigungen nicht der Wahrheit ent-

sprechen. Deshalb rufe ich den Sachbearbeiter des Gesundheitsamtes an, um den Namen des Verleumders zu erfahren.
„Ja, Herr van Herste, ich verstehe ja, dass Sie ungehalten sind. Wäre ich wohl auch, wenn man mich dauernd zu Unrecht beschuldigen würde, aber im Moment kann ich Ihnen den Namen nicht nennen. Das muss ich zuerst mit meinem Chef besprechen."
Es vergehen weitere drei Wochen, bevor er mich anruft.
„Herr van Herste! Es tut mir Leid, aber ich darf Ihnen den Namen nicht nennen. Mein Chef hat gesagt, dass wir auf Hinweiser angewiesen sind und wenn sich herumspricht, dass wir die Namen dieser Leute bekanntgeben, dann traut sich keiner mehr, etwas anzuzeigen. Das müssen Sie verstehen, da es auch immer wieder zutreffende Hinweise gibt."
Ich bedanke mich bei ihm für seine Mühe, da ich bemerke, dass er mir den Namen sicherlich gegeben hätte, es aber nicht darf. Obwohl ich die Herausgabe des Namens hätte einklagen können, verzichte ich darauf. Es ist nie gut, einen Mann zu ärgern, der einem bisher wohlgesonnen gegenübergetreten ist. Und wer hinter dieser Aktion steckt, ist mir sowieso klar.

Eine Patientin teilt mir mit, dass sie vor Wochen einen Aushang am Rathaus gelesen hätte. Daraus sei hervorgegangen, ich hätte mich des Titelmissbrauchs strafbar gemacht. Meine Güte, denke ich, reißt diese Scheiße niemals ab?

In der Mittagspause suche ich das Rathaus auf und verlange den Bürgermeister zu sprechen. Oh Wunder, er lässt mich in sein Büro kommen.

„Sag mal, spinnst du jetzt total? Wie kannst du so einen Zettel in deinen Schaukasten hängen?“

„Wieso nicht? Ich bin schließlich der Bürgermeister und kann Zettel aushängen, so viel ich will. Außerdem habe ich ihn schon vor zwei Tagen abhängen lassen.“

„Meinst du nicht, dass du vorher vielleicht mal mit mir reden solltest?“

„Warum sollte ich das? Mir sind Gerichtsakten zugespielt worden, die eindeutig belegen, dass du Titelmissbrauch begangen hast.“

„Das stimmt so nicht.“

„Das ist mir egal. Ich bin der Bürgermeister und muss meine Bürger vor Betrügern warnen.“

„Das heißt, du bezeichnest mich als Betrüger?“

„So habe ich das nicht gesagt.“

„Sondern?“

„Ich habe gesagt, ich muss meine Bürger vor Betrügern warnen.“

„Aha, das heißt, du musst die Leute vor mir warnen, ohne dass ich ein Betrüger bin?“

„Nein, ich muss Leute vor Betrügern warnen.“

„Weißt du was? Du kannst mich mal gern haben. Solltest du es noch einmal wagen, einen solchen Unsinn zu verbreiten, dann sehen wir uns vor Gericht wieder und dann wollen wir mal sehen, wie lange du noch Bürgermeister bist.“

Ich stehe auf und gehe.

Der Stand unseres Vereins hat sich endgültig verabschiedet. Er hat jahrelang treue Dienste geleistet, aber nun ist die Plane zerrissen und die Ständer sind verbogen. Wir entscheiden uns dafür, einen neuen Stand anzuschaffen. Da wir in diesem Jahr schon viele Betroffene unterstützt haben, gibt unsere Vereinskasse nicht genug her, um einen haltbaren und soliden, also wetterfesten Stand zu kaufen.
Während der Beratungen fällt der Autorin Margaretha Main ein, dass sie vor Jahren den Messe-Stand von Monikas Verwandtschaft abgekauft hat. Der müsste doch noch in Holgers Schuppen stehen. Sofort klingelt sie bei Monika und Holger. Holger öffnet die Tür.
„Was willst du hier?"
„Ich möchte meinen Messestand haben."
„Welchen Messestand?"
„Du weißt genau, welchen Messestand ich meine. Der steht noch in deinem Schuppen. Mach einfach das Tor auf, wir holen ihn raus und alles ist gut."
„Der Messestand steht nicht in meinem Schuppen."
„Doch, Holger, steht er. Ich habe ihn durchs Fenster gesehen."
„Du darfst gar nicht durch meine Fenster gucken."
„Doch, Holger, darf ich, und nun rück den Stand raus."
„Nein, das wurde mir von ganz oben verboten."
„Von wo ganz oben?"
„Von ganz oben eben."
„Holger, mach jetzt kein Theater. Schließ den Schuppen auf und gut."

„Nein, das werde ich nicht tun. Über den Stand darf keiner verfügen. Der gehört zur Insolvenzmasse des Verlages."
„Nein, Holger, der Stand gehört mir. Du weißt genau, dass mir deine Frau den verkauft hat. Ich kann dir sogar noch den original Überweisungsträger zeigen."
„Davon ist mir nichts bekannt."
„Spinn hier nicht rum. Du warst dabei."
„Ich kann mich nicht erinnern und nun mach, dass du Land gewinnst, sonst..."
„Was sonst?"
„Sonst hole ich die Polizei und du kriegst einen drauf wegen Hausfriedensbruchs."
„Wie du meinst."
Zwei Tage später schaltet Retha unseren Anwalt ein und legt ihm den Überweisungsträger vor, der den Kauf des Standes von Monika beweist. Der teilt Monika und Holger mit, dass sie den Messestand unverzüglich herauszugeben haben. Daraufhin antwortet Monikas Anwältin. Obwohl sie von Monika und Holger während des Motorroller-Prozesses mehrfach angelogen wurde, ist sie weiterhin bei der Stange geblieben.
„Mein Mandant weigert sich zu Recht, den Messestand herauszugeben, da sich dieser in der Insolvenzmasse des ehemaligen Verlages befindet. Mir liegt die Insolvenzliste in Kopie vor."
Da alle vom Verlag geschädigten Personen eine solche Liste in ihrem Besitz haben, schauen wir sofort nach und stellen fest, dass der Stand an keiner Stelle Erwähnung findet. Das teilt unser Anwalt der gegnerischen Anwältin mit. Obwohl die Lage eindeutig ist, weigert sich Hol-

ger weiterhin, den Stand herauszurücken. Daher beauftragt Retha unseren Anwalt, Klage einzureichen.
Erneut kommt es zur Gerichtsverhandlung. Der Richter ist sichtlich ungehalten und eröffnet nur widerwillig die Sitzung. Da ich als Zeuge geladen bin, muss ich nach der Begrüßung den Sitzungssaal verlassen. Als ich in den Warteraum zurückkehre, fällt mir fast die Kinnlade runter. In einer Ecke sitzen Michael und seine Anwaltsfreundin und die Frau von der kirchlichen Sektenstelle. Ich hätte jetzt nicht übel Lust, die ganze Bande einfach übers Treppengeländer in die Tiefe zu werfen. Natürlich tue ich das nicht und stelle mich in die gegenüberliegende Ecke des Raumes.
Nacheinander werden alle in den Saal gerufen, nur ich nicht. Plötzlich ist die Verhandlung vorbei und alle strömen aus dem Saal. Monika, Holger, die Sektenfrau und Michael nebst Anhang stürzen schnell an mir vorbei und verlassen das Gerichtsgebäude durch einen Seitenausgang. Dann stehen endlich Retha und Mila, Rethas Ehefrau, vor mir.
„Was ist denn passiert?"
„Die haben alle fürchterlich welche zwischen die Hörner bekommen. Stell dir vor, die Anwältin hat den Messestand handschriftlich in die Insolvenzliste eingetragen."
„Das ist doch Urkundenfälschung."
„Ja, das ist es."
„Und, was sollten Michael, seine Freundin und die Sektentante da drinnen?"
„Die sollten Holgers Aussage bestätigen. Allerdings haben die ganz kleine Brötchen gebacken und erklärt, sie könnten nichts zu dem Fall sagen. Michael hat dann zu-

geben müssen, dass der Stand mir gehört und der Verlag denselben nur von mir zur Verfügung gestellt bekommen hat.
Die Sektenfrau wollte erzählen, dass du ein gefährlicher Sektenführer seist und zu allem fähig. Das hat der Richter aber sofort abgeblockt und gesagt, es ginge hier um den Messestand und nicht um irgendwelche Beschuldigungen. Die Anwältin wollte, nachdem der Richter Holger zur Herausgabe des Standes verdonnert hatte, wieder die Kostenübernahmearie abziehen, aber der Richter hat die Bitte rundheraus abgelehnt. Holger sei niemals Eigentümer des Messestandes gewesen und hätte diesen herausgeben müssen. Er hätte es sich selbst zuzuschreiben, dass er nun während der Verhandlung dazu verurteilt worden sei. Der Klägerin, also mir, dürften daher auch keine Kosten entstehen. Ich denke, die Anwältin hat Angst davor, dass sie ihr Geld nicht bekommt.
Na, wie dem auch sei. Morgen holen wir uns den Messestand zurück."
Als wir das Gerichtsgebäude verlassen, sind unsere Gegner nirgends mehr zu sehen. Am nächsten Tag wird der Messestand übergeben. Da er für unsere Zwecke nicht geeignet ist, bauen wir ihn im Seminarraum auf, säubern ihn und stellen ihn im Internet auf eine Verkaufsplattform. Schon nach wenigen Tagen meldet sich ein Interessent, besichtigt den Stand, ist begeistert, bezahlt bar und nimmt ihn gleich mit. Das Geld stellt Retha dem Verein zur Verfügung und schon können wir einen neuen Stand erstehen.

Schon nach wenigen Tagen meldet sich der nette Herr vom Gesundheitsamt wieder bei mir.
„Wir haben mal wieder eine Anzeige gegen Sie vorliegen."
„Nanu, was habe ich denn jetzt wieder verbrochen?"
„Sie haben einer Patientin ein Medikament verschrieben. Das dürfen Sie nicht."
„Stimmt, das darf ich nicht und das habe ich auch nicht gemacht."
„Sondern?"
„Ich habe eine Patientin auf die Wirksamkeit eines homöopathischen Medikamentes hingewiesen."
„Eines homöopathischen Medikamentes?"
„Ja, eine homöopathischen Medikamentes."
„Können Sie das beweisen?"
„Wir können ja ganz einfach die Patientin fragen. Die wird Ihnen meine Angaben bestätigen."
„Ach, Herr van Herste, wissen Sie was? Schwamm drüber. Langsam glaube ich diesen Quatsch über Sie nicht mehr."
Als die besagte Patientin ein paar Wochen später wieder in meiner Praxis auftaucht, frage ich sie danach. Sie erklärt mir, dass sie sich das Medikament auf mein Anraten hin gekauft hätte. Es hätte ihr sehr gut geholfen und das wiederum hätte sie auf einem Geburtstagskaffeenachmittag erzählt. Mehr nicht.
Ich bin immer wieder darüber erstaunt, wie viele Zuträger unsere Freunde haben müssen.

Der nächste Klopfer lässt nicht lange auf sich warten. Eine Patientin fragt mich, ob auch ich an der großen Versammlung in der Schulaula teilnehmen würde.
„Was für eine Versammlung findet denn da statt?"
„Ein Arzt hier aus dem Ort hat alle Mütter der Schul- und Kindergartenkinder zu einem Aufklärungsabend eingeladen."
„Worüber will der denn aufklären?"
„Über Sie und Ihre Insel-Methode."
„Aha, und wieso will er das tun?"
„Keine Ahnung. Seine Frau hat beim Bäcker erzählt, es könne nicht angehen, dass Sie vorgeben Missbrauchsopfern helfen zu wollen, ohne selbst Psychologe zu sein."
„Sollte nicht jeder Missbrauchsopfern helfen, ob er nun Psychologe ist oder nicht?"
„Ja, der Ansicht bin ich auch, aber mehr weiß ich nicht."
Mit dem Arzt, der hier gemeint ist, hatte ich in der Vergangenheit hin und wieder mal ein kleines Scharmützel, da er es nicht leiden kann, wenn ich seine Patienten heile, an denen er jahrelang erfolglos herumgedoktert hat. Obendrein sind mir Gerüchte zu Ohren gekommen, dass er seinen Töchtern sehr nahestehen soll.
Beim nächsten Vereinstreffen erzähle ich den anderen von dem geplanten Aufklärungsabend. Alle sind empört und drei unserer Frauen entschließen sich dazu, diese Veranstaltung zu besuchen. Am nächsten Morgen wird mir davon berichtet.
„Der Doktor hat gesagt, dass nicht jeder in der Lage sei, Missbrauchsopfern zu helfen. Man müsse schließlich im Vorwege herausfinden, ob es sich wirklich um Missbrauchsopfer handeln würde. Behaupten könne jeder al-

les und ein Laie auf dem Gebiet der Psychologie sei nicht in der Lage, echte und falsche Missbrauchsopfer zu unterscheiden.
Anschließend erklärte eine Frau von einem Kinderhilfswerk, was man unter sexuellem Kindesmissbrauch zu verstehen hätte und dass es wichtig sei, fachliche Hilfe in Anspruch zu nehmen. Nur dann sei gewährleistet, dass man dem Opfer wirklich Hilfe zukommen ließe.
Die hat das gar nicht schlecht erklärt, allerdings haben einige Zuschauerinnen gemurrt. Eine ist dann aufgestanden und hat erklärt, dass sie z. B. ihrer Enkelin sofort helfen würde. Sie könne nicht erst ein Psychologiestudium hinter sich bringen, nur um der Enkelin beistehen zu können. Zuhören und helfen könne schließlich jeder und dafür sei deine Insel-Methode gut geeignet.
Die Frau vom Hilfswerk hat darauf nicht geantwortet. Ich bin zum Schluss zu ihr hin und habe sie gefragt, was das Ganze hier sollte. Sie hat mir erklärt, dass sie eingeladen worden war, um Aufklärung zu betreiben. Im Endeffekt ging es aber ganz klar gegen dich oder besser gesagt, gegen uns."
Alle Vereine, die Opfer unterstützen, sind auf Gelder angewiesen. Und diese Gelder fließen nur, wenn genug Opfer vorhanden sind. Sucht ein Opfer uns auf und nicht den Kinderhilfsverein, dann gibt's für diese Leute weniger Geld. Und das muss man natürlich verhindern.
Wir sind vor Ort und bekannt. Wie soll denn ein kleines Mädchen von dem Kinderhilfswerk erfahren und dahinkommen? Es glaubt doch kein Mensch, dass sich die Kleine allein in den Bus setzt, in der nächsten Stadt in die Eisenbahn umsteigt, sich durch eine fremde Groß-

stadt durchfragt, um dann zum Schluss einer wildfremden Person ihre Geschichte zu erzählen. Das ist diesen Leuten aber offenbar völlig egal. Hauptsache die Kohle kommt.
Na ja, ich denke, der Abend ist für den Doc und seine Leute nicht so verlaufen, wie gedacht.

Kurz darauf ruft mich der Vorsitzende unseres Gewerbevereins an und teilt mir mit, dass der Besitzer eines Modeladens mit uns reden wolle. Ich kann mir keinen Reim darauf machen, bin aber neugierig. Da die Autorin Margartha Main gerade bei mir ist, nehme ich sie kurzerhand mit.
Wir treffen uns alle vor dem Modeladen. Der Inhaber tritt ins Freie, begrüßt uns und fordert uns auf, ihm in sein Büro zu folgen. Gespannt sitzen wir ihm gegenüber.
„Mein lieber van Herste! Sie sind ja sehr rege, aber meinen Sie nicht, dass Sie hin und wieder übers Ziel hinausschießen?“
„Wie meinen Sie das?“
„Glauben Sie wirklich, dass jedes dritte Mädchen und jeder fünfte Junge Opfer von sexuellem Missbrauch wird? Glauben Sie wirklich, dass es so viele Schwule, Lesben und Transen gibt? Glauben Sie wirklich, dass die sich in der heutigen Zeit noch verstecken müssen? Glauben sie wirklich, dass diese Perversitäten angeboren sind?“
„Ja, all das glaube ich nicht nur, ich bin sogar fest überzeugt davon.“
„Na ja, jedenfalls muss das jetzt mal ein Ende haben.“
„Was bitte muss ein Ende haben?“

„Dass Sie mit Ihren Schmuddelthemen so oft in den Zeitungen sind. Meine Schwiegermutter meint auch, dass Sie für unsere Stadt eine Schande darstellen und uns die Kunden vertreiben. Wer will hier schon noch herkommen, wenn er Angst davor haben muss, mit diesen Homos zusammenzutreffen? Und übrigens ist mir zu Ohren gekommen, dass Ihre Heilmethoden, na ja, vorsichtig ausgedrückt, nicht alltäglich ausfallen."
„Wie bitte?"
„Ja, nun tun Sie nicht so. Sie haben mich schon verstanden."
Ich schaue Margaretha Main an und die schüttelt nur ungläubig den Kopf. Dann schaue ich unseren Gewerbevereinsvorsitzenden an und der blickt krampfhaft zu Boden.
„Was soll das hier werden? Soll das ein Tribunal sein oder was?"
„Nix Tribunal. Das hat sich jetzt mit Ihren Auftritten. Ich habe den umliegenden Zeitungsfritzen ganz klar gesagt, wenn noch ein einziger Artikel über Sie jemals erscheint, werde ich jedwede Werbung sofort und auf der Stelle einstellen. Ich stecke denen doch nicht dauernd so viel Geld in den Hintern und die berichten über Schwule und Kinderschänder. Das hat jetzt ein für alle Mal ein Ende."
Retha und ich können unseren Ohren kaum trauen.
„Und im Übrigen müssen Ihre Bücher ja nicht viel taugen."
Retha mischt sich ein.
„Was erlauben Sie sich? Immerhin haben wir mehrere Buchpreise abgeräumt und stehen in den Verkaufslisten

ziemlich weit oben. Und ich denke, dass Herr van Herste mehr Leute von weither anlockt, als Sie. Modeläden gibt's schließlich überall."

„Papperlapp. Bücher, die beworben werden müssen, können nichts taugen. Meine Schwiegermutter sagt immer, dass Bücher sich von allein verkaufen müssen, sonst kannst du die vergessen."

„Aha, dann müssen Sie ja eine sehr schlaue Schwiegermutter haben."

„Ja, die ist ganz in Ordnung."

„Aber, guter Mann, warum machen Sie denn dann dauernd so viel Werbung in den Zeitungen? Sind Ihre Röcke, Hosen und Jacketts von dermaßen schlechter Qualität, dass Sie die immer wieder anpreisen müssen. Haben Sie nicht eben selbst gesagt, dass sich gute Ware auch ohne Werbung verkaufen lassen muss?"

„Nein, das gilt nur für Bücher. Ich muss ja Werbung machen, damit die Leute wissen, was ich im Angebot habe."

„Aha, und woher sollen die Leute dann wissen, dass wir gerade wieder ein neues Buch auf den Markt gebracht haben?"

„So, Schluss jetzt. Mit Ihnen diskutiere ich nicht mehr. Sie haben gehört, was ich zu sagen hatte, und damit Ende."

Er steht auf und gibt uns damit zu verstehen, dass wir nun entlassen sind. Der Gewerberingvorsitzende verabschiedet sich sofort kleinlaut von mir und geht schnell davon. Ihm ist die Sache äußerst unangenehm. Er nimmt die Ansprache aber kommentarlos zur Kenntnis. Meine

Güte, was gibt es doch für Feiglinge. Kaum erhebt mal einer die Stimme und schon kriechen alle ins Mauseloch. Und tatsächlich, ein Interview, das schon vor Wochen mit mir geführt worden war, wird nicht mehr abgedruckt. Der Reporter erklärt mir, dass er intern gestoppt worden sei.
Auch der Ladenbesitzer hatte wohl eine schwere Kindheit und ist seinen Töchtern sehr zugetan.

Kurz darauf finde ich einen Zettel in meinem Briefkasten. Vorn drauf steht: „Lassen Sie sich nicht unterkriegen. Sie machen gute Arbeit. Viele Grüße von einer Freundin."
Als ich den Zettel umdrehe, erkenne ich, dass es sich um die Fotokopie einer Liste handelt. Es dauert ein paar Sekunden bevor ich verstehe, was gemeint ist. Es geht um das Rasenmähen im Garten des Gemeinschaftshauses.
„9.57 Uhr – vH fährt auf den Parkplatz hinter dem Haus.
9.58 Uhr – vH steigt aus, holt seine Arbeitshandschuhe von der Rückbank seines Autos und geht auf die Garage zu.
9,59 Uhr – vH erreicht die Garage.
10.01 Uhr – NH (ein Freund, der im Haus wohnt und mir beim Mähen hilft) tritt aus der Tür und geht auf vH zu.
10.02 Uhr – NH und vH begrüßen sich.
10.03 Uhr – NH schließt Garage auf und öffnet die Tore.
10.04 Uhr – vH betritt die Garage.
10.06 Uhr – vH schiebt Rasentrecker ins Freie.
10.07 Uhr – NH schiebt Rasenmäher ins Freie.

10.08 Uhr – vH startet Motor vom Rasentrecker und lässt ihn warmlaufen.
10.09 Uhr – vH und NH stehen neben Rasentrecker und rauchen eine Zigarette. Gespräch der beiden kann wegen des Lärms, den der Rasentrecker macht, nicht verfolgt werden.
10.14 Uhr – vH setzt sich auf Rasentrecker und beginnt zu mähen. NH reißt den Rasenmäher an und beginnt ebenfalls zu mähen.
11.02 Uhr – vH und NH machen am unteren Ende des Gartens Pause. Gespräch kann aufgrund der Entfernung nicht mitgehört werden."
Na, da werden sich Jeremias und seine Sektenfrau aber freuen. Mit diesen Informationen können die bestimmt eine ganze Menge anfangen.

Ich kann mir nicht vorstellen, dass unsere Freunde noch Pfeile im Köcher haben. Jeremias & Co wissen, dass ich Klarnamen nennen und Wissen veröffentlichen werde, wenn sie mich weiterhin verleumden. Im Moment scheint Ruhe eingekehrt zu sein.
Allerdings handelt es sich nur um die Ruhe vor dem Sturm.
Im Frühjahr 2013 hole ich zwei dicke Umschläge aus dem Briefkasten. Erstaunt reiße ich ein Kuvert auf und falle fast in Ohnmacht. Die Staatsanwaltschaft teilt mir mit, dass erdrückende Beweise gegen mich vorlägen. Mir wird vorgeworfen, meine Frau und Margaretha Main zum Sex mit Minderjährigen angestiftet zu haben.
Im Umschlag meiner Frau befindet sich ein ähnliches Schreiben.

Wir sollen uns beide bei der nächsten Polizeidienststelle melden und Aussagen dazu machen. Das tun wir natürlich nicht. Stattdessen schalten wir unseren Anwalt ein. Der fällt ebenfalls aus allen Wolken und fordert Akteneinsicht an. Nach Monaten erst werden ihm die Akten zugestellt und wir lesen stundenlang darin herum.
Monika hat eine Freundin bei der Polizei, die alles glaubt, was sie von sich gibt. Der hat sie erzählt, sie sei aus meiner Sekte ausgestiegen, weil sie den sexuellen Kindesmissbrauch nicht mehr mit ansehen könne, der tagtäglich in unserem Verein praktiziert würde. Daraufhin leitet die Polizistin Ermittlungen ein und informiert die Staatsanwaltschaft. Diese wiederum wird sofort tätig und nimmt Einsicht in unsere polizeilichen Führungszeugnisse. Da dort keine Einträge zu finden sind, wird nicht nur Holger dazu befragt, der die Aussagen seiner Frau natürlich bestätigt, sondern auch Dörte und Michael müssen sich zur Sache äußern, was sie allerdings ungern tun, wie wir den Akten entnehmen können. Diese Aktion haben Monika und Holger offenbar angezettelt, ohne Dörte, Michael und Mareike vorher konsultiert zu haben.
Dörte und Michael geben zu Protokoll, dass sie von einem sexuellen Kindesmissbrauch nichts mitbekommen hätten, mir eine Anstiftung allerdings zutrauen würden, da weder Retha, noch meine Frau von selbst auf so eine Idee kommen würden. Monika sagt weiterhin aus, dass es sich um Janina, die Tochter von Mareike, handeln würde. Janina sei mehrfach Opfer der Übergriffe der beiden Frauen geworden.

Gut achtzig Prozent der Aussagen von Monika, Holger, Dörte und Michael handeln von meiner angeblichen und hochgefährlichen Sektentätigkeit.
Wir sind erstaunt und geschockt zugleich. Unser Anwalt behält einen kühlen Kopf und regt an, ein Gutachten zu erstellen, um die Glaubwürdigkeit des angeblichen Opfers zu überprüfen. Ein paar Wochen später bekommen wir das Gutachten auf den Tisch. Die Gutachterin ist zu Janina gereist und hat diese befragt. Janina sagt aus, dass sie kein Opfer sei. Damit ist die Sache vom Tisch und die geplante Gerichtsverhandlung wird abgeblasen.
Ich frage unseren Anwalt, ob es eine Möglichkeit gibt, Monika zu stoppen. Immerhin hat sie gelogen und uns eine Straftat unterstellt, die nie stattgefunden hat, aber die uns unsere Existenz hätte kosten können. Er fragt bei Gericht nach und erhält die Antwort, dass man Monika keinen Vorwurf machen könne. Sie hätte nur ihre Bürgerpflicht erfüllt. Auch der Hinweis, dass die angeblichen Taten vor fast zehn Jahren stattgefunden haben sollen und Monika schon viel eher hätte Anzeige erstatten müssen, zieht nicht. Monika hätte glaubhaft ausgesagt, dass sie aus Angst vor mir und meinen Freunden geschwiegen hätte und Eigenschutz immer vorgehen würde. Auch der Hinweis auf die schon vorher gelaufenen Verleumdungen, bringen uns nicht weiter. Der Staatsanwalt lehnt ab.

Fazit

Die Geschichte zeigt, dass ein paar wenige Menschen eine Lawine lostreten können, dass mit der richtigen Mischung aus Hass, Neid, Missgunst, Feigheit und krimineller Energie eine Menge erreicht werden kann, dass sich Menschen durch ihre Sensationslust gern zum Mitmachen animieren lassen, problemlos Tatsachen ignorieren und, aus der Deckung heraus, das weidwunde Reh beschießen, dass Gleichgesinnte an den Schalthebeln der Macht den Sack zumachen können und das Opfer kaum eine Chance hat, sich zu wehren, richtig zu stellen, die Wahrheit zu verkünden.

Viele weibliche Missbrauchsopfer, die ich kennen gelernt habe, sind Prinzessinnen. Sie jammern über den ach so bösen Täter, halten aber im Ernstfall zu ihm. Sie suchen keine Hilfe, sondern fordern Aufmerksamkeit. Sie wollen sich nicht ändern, sondern ihr Tun bestätigen lassen. Die ayurvedische Lebensweise wird anfangs oft in den Himmel gelobt. Stellt sich aber heraus, dass der Weg zum Glück auch im Ayur Veda erarbeitet werden muss, ist die Euphorie schnell verflogen.
Jeder Hilfesuchende muss – wie bei jeder anderen Therapieform auch – Vertrauen zum Therapeuten fassen, sich öffnen, an einer Lösung intensiv mitarbeiten, Hilfe wollen und annehmen. Homo- und Transsexuelle müssen ein Outing wollen und bereit sein, daran mitzuwirken. Opfer sexuellen Kindesmissbrauchs müssen ihre psychischen Störungen erkennen, sich erinnern, eine Täterkonfrontation und einen Weg aus der Misere wollen. Nur

dann kann gemeinsam ein Weg zum Glück gefunden werden.
Ich habe – meine Geschichte zeigt es deutlich – viele Opfer von sexuellem Kindesmissbrauch erlebt, die im Grunde genommen nur zur Therapie gehen, um den Täter auf sich aufmerksam oder eifersüchtig zu machen. Die offensichtlichen Suchtstrukturen werden ignoriert und eine Veränderung ist überhaupt nicht geplant. Der Therapeut dient oft als reines Hilfsmittel, um die kranken Gedanken- und Gefühlsgänge des Opfers Realität werden zu lassen.
Kommt es zur Entscheidung, wird sich die Prinzessin immer für den Täter entscheiden. Sollte sich der Therapeut dagegenstellen, wird er verteufelt und verleumdet.
Die Illusion, dass alle Opfer sexuellen Kindesmissbrauchs und alle Homo- und Transsexuellen wirklich Hilfe wollen, ist mir schon seit vielen Jahren abhandengekommen. Die große Masse ist feige und fokussiert ihre angestaute Aggression lieber auf andere, die sich trauen, auf andere, die ihre Neigungen leben, auf vermeintlich Schwächere.
Da der sexuelle Missbrauch von Kindern und die Diskriminierung von Frauen und Homo- und Transsexuellen sehr weit verbreitet sind, ist natürlich klar, warum so wenig Unterstützung von Seiten der Justiz, der Kirchen und der Medien kommt. Auch in diesen Kreisen sind diese Unsitten verbreitet und da immer noch überwiegend Männer an den Schalthebeln der Macht sitzen, habe ich wenig Hoffnung, dass sich in diesem Bereich etwas grundlegend ändern wird. Welcher Täter hilft schon

gern mit, sich und seine Artgenossen ans Messer zu liefern?
Kirchenmitarbeiter sollten sich einmal fragen, ob ihr Treiben mit dem Begriff „Nächstenliebe“ vereinbar ist oder ob es eher in die Abteilung Inquisition passt. Heißt es nicht in der Bibel „du sollst nicht falsch Zeugnis ablegen wider deinen Nächsten“? Ich habe in dem Buch noch nirgends entdeckt „du sollst verleumden, denunzieren, Falschaussagen machen und damit Karrieren oder im schlimmsten Fall Menschen zerstören“.
Auch ein paar Medienvertreter sollten sich hin und wieder fragen, ob der Presse-Kodex mit ihrer Art der Berichterstattung und ihren Allmachtsphantasien vereinbar ist. Gehört es nicht in einem Bericht, in einer Reportage selbstverständlich dazu, dass beide Seiten gehört werden, dass neutral und nicht tendenziell berichtet wird? Ich habe das mal so gelernt. Allerdings ist das schon ein paar Jahre her und scheint heute nicht mehr zu gelten.
Außerdem muss ich feststellen, dass Fremdtäter in den Medien gern hochgespielt werden. Die Bevölkerung wird in Angst und Schrecken versetzt. Die Sensation ist da und niemand berichtet darüber, dass fast alle Übergriffe auf Kinder im nahen Umfeld des Opfers stattfinden, dass Väter, Mütter, Opas, Omas, Geschwister, Nachbarn oder Erzieher den Löwenanteil der Täter ausmachen. Der böse schwarze Mann wird immer wieder gern genommen. Ich halte diese Art der Berichterstattung für ein klares Ablenkungsmanöver. Der Fokus soll auf den Fremden gerichtet werden, weg von Papi und

Co. Wer weiß schon, wie viele Täter in den Medienetagen sitzen?
Obendrein kenne ich ein paar Anwälte, die Jura studiert haben, um den Menschen zu ihrem Recht zu verhelfen. Dieser Gedanke scheint einigen abhandengekommen zu sein. Abzocke ist scheinbar keine Ausnahme mehr, sondern eher die Regel.
Geld regiert die Welt, also auch die Moral. Reiche sind nicht weniger am sexuellen Kindesmissbrauch beteiligt, als Arme, haben aber bessere Beziehungen, als diese, und können mit Geld einiges vertuschen. Warum sonst werden Kinderschänder aus der Unterschicht um ein Vielfaches häufiger verurteilt, als Kinderschänder aus der Oberschicht, gesetzt den Fall, die landen überhaupt vor Gericht?
Sexueller Kindesmissbrauch und Vergewaltigung sollten als strafbare Handlung und nicht als Vergehen eingeordnet werden. Wie viele Fälle würden dann nicht mehr unter den Tisch gekehrt werden und werden können?

Natürlich werden wir weitermachen. Es gibt ja hin und wieder Betroffene, die wirklich Hilfe wollen und für diese Menschen lohnt der Aufwand.
Ich wurde zu Talk-Shows ein- und wieder ausgeladen. Ich wurde zu Schul- oder sonstigen Vorträgen ein- und wieder ausgeladen, da ich den Chefs zu direkt bin oder weil Kirchenvertreter nicht mit mir zusammentreffen wollten. Ich werde nach wie vor von vielen Medienvertretern ignoriert und boykottiert.
Allerdings finde ich in großen Teilen der Bevölkerung viel Rückhalt. Viele Opfer teilen mir mit, dass ich mich

nicht unterkriegen lassen, dass ich unbedingt weitermachen soll. Ich wird´s tun. Versprochen.

Immer wieder wurden mir die unglaublichsten Geschichten zugetragen. Manche Autorinnen hatten druckfertige Manuskripte in der Schublade liegen und konnten keinen Verlag finden, der sie veröffentlicht. Ich habe es getan. Und obwohl unsere Bücher gern als Schundliteratur, als Ausgeburt krankhafter Phantasie bezeichnet werden – na, von wem wohl? – erfreuen sie sich großer Beliebtheit.

Zu den Themen „sexueller Kindesmissbrauch" oder „ritueller Kindesmissbrauch" möchte ich Ihnen folgende Werke ans Herz legen:
Papa kommt fast täglich
Die Goldesel-Töchter
Die Burg der Nymphen
Die Stille eines Lebens
Mein Vater, der Diakon
Denn sie schenkten mir ein zweites Leben
Mitten im Abschaum
Das Mädchen Yvonne
Flucht und Heimkehr
Das Ende des Jägers

Ach ja, übrigens: Mir ist immer noch nicht klar, wie man Männer zu Transsexuellen macht oder Frauen zu Lesben, wie man Frauen zum Lesbensex zwingt oder Geld verleiht, das plötzlich zum Geschenk mutiert und somit nicht zurückgezahlt werden muss. Vielleicht werde ich ja eines Tages darauf kommen. Große Hoffnungen mache ich mir allerdings nicht.

Das war´s jetzt? Nein, leider noch nicht. Wer suchet, der findet.
Eines Tages bekomme ich Post von einem entfernt liegenden Gericht. Man wirft mir vor, gegen die guten Sitten im Gewerbe verstoßen zu haben. Eine Gesellschaft, die darauf achtet, dass der unlautere Wettbewerb nicht überhandnimmt, hat mich angezeigt.
Ich kann mir keinen Reim darauf machen. Erst das Studium der seitenlangen Anklage führt mir vor Augen, welche unglaubliche Straftat ich begangen habe.
Als ich meinem Anwalt das Schreiben vorlege, verdreht der nur die Augen und lacht. Leider vergeht mir bald das Lachen. Jede Einrede von mir wird vom Tisch gewischt und mein Anwalt und ich müssen weit reisen, um vor Gericht erscheinen zu können.
Diesmal sitzt nur ein Richter im Sitzungssaal, aber unser gegnerischer Anwalt erinnert mich stark an den Typen, der mich im Prozess wegen angeblichem Titelmissbrauchs versuchte, fertigzumachen. Der Mann erklärt groß und breit, ich hätte arglistig Patienten getäuscht und würde daher eine Gefahr für die Volksgesundheit darstellen.
Im Endeffekt werde ich zu einer Geldstrafe von 3000,- Euro verurteilt, weil ich ein „e.V." vergessen habe. Natürlich müssen wir die Anwalts- und Gerichtskosten noch mal eben so oben drauf rechnen.
Zur Erklärung:
Ich habe meine Schmerztherapie-Ausbildung in einem Institut gemacht. Bei diesem Institut handelt es sich um einen eingetragenen Verein. Und dieses habe ich durch das Weglassen des Kürzels „e.V." nicht kenntlich ge-

macht. Ich hatte es schlicht und ergreifend vergessen einzusetzen, als ich meine Homepage gestaltete.
Unsere Freunde konnten sich abermals die Hände reiben. Sie hatten mal wieder – natürlich nicht selbst, solche Leute waschen ihre Hände stets in Unschuld – mithilfe einer dubiosen Firma einen grenzenlosen Sieg über mich errungen.
Natürlich schmerzt mich das Geld, dass dieser Irrsinn verschlungen hat, aber wenn man bedenkt, dass ein Kinderschänder, der zwei Personen in den Selbstmord getrieben und ein Kind um die Ecke gebracht, der viele Kinderleben für immer ruiniert hat, nur zu sechs Monaten auf Bewährung verurteilt wird, dann erkenne ich da eine gewisse Schieflage in unserer unabhängigen, unangreifbaren Gerichtswelt.

Zum Schluss noch ein paar Schmankerl gefällig?

Mein Schwager wohnt in einer etwa dreihundert Kilometer entfernt gelegenen Stadt. Er kommt uns besuchen.
„Sag mal, Hansi, was hältst du von meiner neuen Freundin Rabea?"
„Was soll ich dir dazu sagen? Ich habe sie erst einmal gesehen. Wieso, was ist denn mit ihr?"
„Sie hat mir gesagt, dass sie mich eigentlich nicht wirklich liebt, aber trotzdem ein Kind von mir haben will. Ich sei ein guter Ernährer. Sie könne dann daheim bleiben, sich ums Kind kümmern und müsste nie wieder arbeiten gehen.
Ganz ehrlich, Hansi, ich habe meine Bedenken. Was rätst du mir?"
„Es ist dein Leben. Du musst entscheiden, was du tun willst oder eben nicht. Ich, jedenfalls, würde diese Frau nicht heiraten."
„Ja, an so etwas hatte ich auch schon gedacht."
Mein Schwager fährt heim und ruft mich ein paar Tage später an, um mir mitzuteilen, dass er die Beziehung beendet hat. Der Feigling verschweigt mir allerdings, dass er Rabea erzählt hat, ich hätte ihm zu diesem Schritt dringendst geraten. Rabea zieht wutentbrannt aus.
Ein halbes Jahr später werde ich von einem befreundeten Paar darum gebeten, den Trauzeugen auf ihrer Hochzeit zu geben. Natürlich sage ich zu.
Ein paar Tage später werde ich von ihnen darüber informiert, dass sie es nicht geschafft haben, einen Pastor zu finden, der die kirchliche Trauung vornehmen will. Nach dem Grund der Ablehnung befragt, hätten alle

Pastoren erklärt, mit Sekten würden sie nichts zu tun haben wollen. Wenn ein van Herste mit von der Partie sei, sei klar, was gespielt würde.
Sie heiraten eben nur standesamtlich und wir feiern ein rauschendes Fest.
Etwa zwei Jahre später taucht Rabea in meiner Praxis auf.
„Nanu, dich habe ich ja ewig nicht gesehen. Was kann ich für dich tun?"
„Ich wollte mich entschuldigen."
„Aha, und wofür?"
„Nachdem du deinem Schwager verboten hast, mich zu heiraten, war ich stinksauer auf dich."
„Wie käme ich dazu, dem etwas zu verbieten?"
„Er hat mir damals erzählt, dass du ihm verboten hättest, mich zu heiraten, da ich keine gute Partie für ihn sei."
„Das stimmt so nicht ganz. Aber, nun sag mir doch mal bitte, wofür du dich entschuldigen willst."
„Na ja, ich war stinksauer und wollte dir eins reinwürgen. Und da habe ich mir das Telefonbuch hergeholt und die Nummern aller Pastoren, die in deinem Umfeld tätig sind, rausgesucht. Dann habe ich einen nach dem anderen angerufen und ihnen erzählt, du seist ein gefährlicher Sektenführer und hättest versucht, mich in deine Sekte zu locken. Um nicht aufzufliegen, habe ich mich jedes Mal mit einem anderen Namen vorgestellt."
„Aha, du warst das also? Hast du gut gemacht, wirklich ganz toll. Und was willst du jetzt von mir?"
„Wie schon gesagt, mich entschuldigen."
„Ich nehme deine Entschuldigung an, wenn du auf der

Stelle alle Pastoren noch einmal anrufst und deine Lügerei aufklärst."
„Das traue ich mich nicht. Was sollen die denn von mir denken?"
„Das ist mir ganz und gar egal. Du hattest doch damals auch den Mut, die anzurufen. Nun sieh zu, dass du das vom Tisch kriegst."
„Nein, das tue ich nicht."
„Tja, dann wird das auch nichts mit der Entschuldigung."
Sie ist plötzlich stocksauer und rennt zur Tür.
„Ich hab´s versucht, aber du wolltest ja nicht."
Schon fällt die Tür hinter ihr ins Schloss. Seitdem habe ich sie nie wiedergesehen.
Nach und nach kommt ans Tageslicht, dass sich die Pastoren kurz nach Rabeas Anrufen turnusmäßig getroffen haben. Natürlich wurden Rabeas Aussagen thematisiert und nicht in Zweifel gezogen. Schließlich muss man armen, geschundenen Schäfchen sofort und auf der Stelle zu Hilfe eilen. Da Rabea verschiedene Namen benutzt hatte, hatten die Pastoren den Eindruck gewonnen, es müsse sich um verschiedene Personen handeln. Es gäbe also eine ganze Armada von Frauen, die Angst vor mir hätten. Darauf wurde beschlossen, vor mir zu warnen und obendrein mir und allen anderen Sektenmitgliedern keine sakramentalen Handlungen mehr angedeihen zu lassen.
Ein klärendes Gespräch mit mir fand niemals statt.

Patientin W., die mich regelmäßig aufsucht, um ihre Rückenleiden behandeln zu lassen ruft mich an.
„Ach, Herr van Herste, entschuldigen Sie bitte, wenn ich Sie störe, aber ich habe mir beim Reiten dermaßen das Kreuz verbogen, dass ich leider nicht in der Lage bin, zu Ihnen zu kommen. Wären Sie so nett und kämen mich zu Haus besuchen?"
„Aber das geht erst nach der Praxis, also nicht vor acht Uhr."
„Das passt mir ausgezeichnet."
„Ist Ihr Mann nicht zu Haus? Vielleicht könnte der Sie ja fahren. Dann bräuchten Sie nicht so lange zu warten."
„Nein, der ist auf einer Fortbildung. Kommen Sie doch bitte vorbei. Ich kann mich kaum rühren."
Okay, denke ich mir, ich fahre hin. Ich kurve also kurz nach acht Uhr abends durch mehrere Dörfer, um den Bauernhof der Patientin zu erreichen. Ich bin kaum vor dem Haus zum Stehen gekommen, da wird schon die Tür geöffnet.
„Nanu, sind Ihre Beschwerden von selbst verschwunden?"
„Nein, ich reiße mich nur zusammen. Ich kann Sie ja schlecht vor der Tür stehen lassen."
Sie dreht sich behände um und ich folge ihr ins Haus.
„Haben Sie irgendwo eine Liege stehen oder wo soll ich Sie behandeln?"
„Nein, kommen Sie mit nach oben. Ich lege mich einfach aufs Bett."
Ohne meine Antwort abzuwarten, rennt sie die Treppe hinauf. Ein wenig wundert es mich schon, mit welcher Geschwindigkeit sie unterwegs ist. Im Schlafzimmer an-

gekommen, zieht sie blitzschnell ihr Kleid über den Kopf und wirft sich in BH und Strumpfhose aufs Bett.
„Nun komm schon, Liebster. Lass es uns machen."
Ich denke, mich trifft der Schlag. Ohne etwas zu sagen, mache ich auf dem Absatz kehrt und fahre nach Haus. Kurz darauf wandert wieder mal ein Gerücht im Ort rauf und runter, aus dem hervorgeht, ich hätte mit zig Frauen ein außereheliches Verhältnis. Seitdem geht sie mir weiträumig aus dem Weg.

Patientin B. erzählt mir während der Behandlung, wie schlecht es ihr geht. Sie hat nicht nur hier und da Schmerzen, nein, auch ihr Freund hat mit ihr Schluss gemacht. Ich höre mir ihre Geschichten an, da ich spüre, sie braucht jemandem, dem sie alles erzählen kann. Nach der sechsten Behandlung ist sie rundum schmerzfrei und fährt freudig nach Haus.
Am nächsten Tag ruft sie mich in der Praxis an.
„Hallo, Hans Georg, ich wollte dir nur sagen, dass ich dich liebe."
„Seit wann duzen wir uns?"
„Ich kenne kein Liebespaar, das sich gegenseitig siezt. Du etwa?"
„Ich wüsste nicht, dass wir ein Liebespaar wären. Wie kommen Sie darauf?"
„Na, du hast mich doch so zärtlich behandelt und dir obendrein meine halbe Lebensgeschichte angehört. Das muss doch Liebe sein oder etwas nicht?"
„Gute Frau, ich mag Sie wirklich gern, aber von Liebe kann ich nun wirklich nicht reden."
„Dann bringe ich mich jetzt um und du hast Schuld. Ich

bin hier im Wald und werde jetzt ein paar Fliegenpilze essen."

„Mit der Nummer beißen Sie bei mir auf Granit. Solche Erpressungsversuche liebe ich nicht."

Plötzlich ist die Leitung tot.

Kopfschüttelnd arbeite ich weiter. Keine zehn Minuten später ruft sie mich erneut an.

„Hans Georg, mein Liebster, ich habe jetzt drei Fliegenpilze gegessen. Ich werde jetzt sterben. Ich kann ohne dich nicht mehr leben."

„Was soll dieser Quatsch? Das ist gefährlich, was Sie da tun."

„Ach, mir wird schon ganz schwindlig. Was soll ich nur machen?"

„Sofort den Krankenwagen anrufen. Wo befinden Sie sich denn?"

Sie beschreibt mir einen Wald, der fast fünfzig Kilometer von meiner Praxis entfernt liegt.

„Selbst wenn ich jetzt losfahren würde, könnte ich Sie nicht mehr rechtzeitig erreichen. Obendrein bin ich kein Giftexperte. Sie müssen auf der Stelle den Rettungsdienst anrufen und denen erstens erklären, wo Sie sich aufhalten und zweitens, dass Sie sich vergiftet haben."

„Ja, dann muss ich das wohl tun. Du weißt ja, wenn´s schiefgeht, bist du Schuld."

Wieder ist die Leitung tot. Ich überlege, selbst den Rettungsdienst anzurufen, verwerfe aber den Gedanken, da ich erstens nicht weiß, ob ihre Geschichte überhaupt stimmt und zweitens ist das Waldgebiet dermaßen groß, dass kein Rettungsdienst der Welt die dort auf Anhieb finden würde.

Ein paar Wochen später ruft sie mich erneut an.
„So, dass du es weißt, die Sanitäter haben mich rechtzeitig gefunden. Und ich will auch nix mehr von dir wissen. Ich habe mich im Krankenhaus in einen Mitpatienten verliebt und nun sind wir ein Paar. Du kannst dir in Zukunft deine Streicheleinheiten an den Hut stecken. Ich brauche dich nicht mehr. Hast du das endlich kapiert?"
Sie legt auf. Einige Zeit später kommt mir zu Ohren, sie erzählt überall herum, ich sei mit dem Teufel im Bunde. Andernfalls könne man meine Heilerfolge nicht erklären.

So, nun ist es genug. Wenn ich alle Erlebnisse dieser Art aufschreiben würde, müsste ich ein neues Buch schreiben.

Na gut, einen habe ich noch für Sie:
Wir sitzen mit den Leuten unseres Vereins an einem lauen Sommerabend in unserem Garten und grillen. Am Rande bekomme ich mit, dass eine Gruppe Frauen auf Fahrrädern an unserem Grundstück vorbeifährt, kurz anhält und sich dann davon macht. Ich achte nicht darauf und klinke mich wieder in die laufenden Gespräche ein.
Ein paar Tage später erzählt mir ein Patient folgende Geschichte:
„Ach, Herr van Herste, es tut mir wirklich leid, was über Sie erzählt wird. Ich habe auch schon mit meiner Frau geschimpft, aber die lässt sich nicht beirren."
„Worum geht es denn bitte?"
Meine Frau gehört an einem Kaffeekränzchen an und bei einem Treffen hat eine der Frauen erzählt, Sie und Ihre Vereinsfrauen würden nachts um zwölf nackt um die Zitronenbäume in Ihrem Garten tanzen. Und wenn der Mond hervorkäme, würden Ihre Frauen orgastische, spitze Schreie ausstoßen."
Als ich mir seine Geschichte bildlich vorstelle, muss ich laut lachen.
„Ja, ich weiß, dass die spinnen, aber die lassen sich nicht davon abhalten. Hin und wieder fährt eine von denen mit dem Auto bei Ihnen vorbei und wenn dann mehrere Fahrzeuge auf Ihrem Parkplatz stehen, wird sofort eine Telefonkette gebildet und alle radeln los."
„Und, sind die Frauen schon fündig geworden? Immerhin haben wir einen ganzen Wald von Zitronenbäumen in unserem Garten stehen. Wir haben nämlich eine ganz außergewöhnliche Sorte von Zitronenbäumen. Unsere

wachsen nicht nur im tiefsten Winter, nein, sie bilden auch lilafarbene Zitronen aus."

„Jetzt wollen Sie mich aber auf den Arm nehmen, nicht wahr?"

„So einen Unsinn habe ich lange nicht mehr gehört. Richten Sie Ihrer Frau aus, sie kann gerne weiterhin bei uns nach dem Rechten sehen, wenn es ihr Spaß macht."

Van-Herste-Bücher

Hans Georg van Herste

Die Van-Herste-Biographie
Am Fluss meines Lebens 1
Aus einer Quelle wird ein Bach 1940-1989

Am Fluss meines Lebens 2
Aus einem Bach wird ein Fluss 1990-2014

Am Fluss meines Lebens
Ein Strom von Reimen

Endlich Frau!
Hans Georg van Herste informiert über das Thema „Transsexualität“ und lässt drei Betroffene ihre Geschichte erzählen

Endlich frei, glücklich & gesund
Das große Buch der alternativen Heilmethoden für Körper, Geist und Psyche

Und täglich lügt die Monika
Feige Neider mobben, stalken und verleumden und können Karrieren, ganze Leben zerstören.

Englische Ausgaben
The true dream of freedom
Ayur Veda
The Borderline-Syndrome
The Mother-Beast

Frido van de Visser
Meine Kindheit in Rotterdam

Starke-Frauen-Reihe

Viktoria Grantz
Die verkaufte Gräfin
The sold countess
Das Ende des Jägers
Denn sie schenkten mir ein zweites Leben
For they bestowed me a Second Life
Vera, die Moorfrau
Vera, the Moor-Lady
In 80 Jahren rund um Hörnde
Die Prinzessin vom Leuchtturm
Mein Vater, der Diakon
My father, the Deacon

Simone Petzold
Das bunte Leben der Renata Komanetschy
Die Wende meines Lebens
Mein weiter Blick aufs Meer
Der süße Herbst des Lebens
The sweet fall of Life

Lena Birkthal
Kämpferinnen für die Ewigkeit
Life in the Matriarchy

Michaela Main
Von Frau zu Frau – nicht alltägliche Gesundheitstipps

Michaela Holst
Das Heide-Mädchen

Katja Groening
Die Burg der Nymphen

Eva Maria Thalbach
Das Ende des Dornenwaldes

Yvonne Zündler
Mitten im Abschaum
Die Stille eines Lebens

Heide Marie Zimmer
Das Mädchen Yvonne
Flucht und Heimkehr
Die Goldesel-Töchter

Elisabeth Margaretha Gräfin von Schöngau-Brixendorf
Sara, das Wiesel
Sara, the Weasel
Goldenes Stroh in meinem Haar
Golden Straw in my Hair
Katja liebt den Nebel

www.starke-frauen.org
www.strong-ladies.com

Margaretha Main
Vom Lausemädchen zur Lausefrau – lustige Geschichten aus einem langen Leben

Retha, das Lausemädchen
Retha wir flügge
Retha – vom Lausemädchen zur Lausefrau
Retha auf Umwegen
Retha – mein Autoleben
Rethas langer Weg zum Ruhm
Mein schönstes Leben
Die Angst geht um in Narrenberge
Festtagsschmaus in Narrenberge

www.margaretha-main.de

Elisabeth Keller
Das Glück liegt in der Streichholzschachtel

Printed in Poland
by Amazon Fulfillment
Poland Sp. z o.o., Wrocław

54395558R00116